Se llama Jesús

4 PRIMARIA

RELIGIÓN CATÓLICA

PPC
sm

Proyecto didáctico: Equipo SM-PPC de Educación Primaria

Autoría: Juan Yzuel Sanz

Coordinación editorial y revisión pedagógica: Maximiano Escalera

Coordinación técnica: Lourdes Palencia

Ilustración: Germán Tejerina

Fotografía: Javier Calbet, Sonsoles Prada, Olimpia Torres, Sergio Cuesta, Emilio González Urberuaga, Juan Baraja, Montse Fontich, Juan Medina, Pedro Carrion, Luis Agromayor, José Vicente Resino, Jesús G. Ullastres, Alberto Bueno, Yolanda Álvarez, José Manuel Navia / ARCHIVO SM; Jesus Sancho; Montserrat Manent; Andres Marin / Charo Aguililla; Ninfa Watt; Miguel Vázquez, F. Moreno / EFE; Mickael David, Doug Menuez / PHOTODISC; Gérard Launet / PHOTOALTO; Jean Michael Cornet / PIXLAND; T. Haley / SIPA-PRESS; Haviv / CORDON PRESS; CONTACTO; FIRO FOTO; IBERIMAGE; ORONOZ; PRISMA; CORBIS (COVER); BANANASTOCK; FOTONONSTOP; COMSTOCK IMAGES; GETTY IMAGES; COVER; AGE FOTOSTOCK; ALBUM; STOCKBYTE

Canciones: Lorenzo Sánchez Ramos

Diseño: Carmen Corrales

Maqueta: Antonia Rivero

Dirección editorial: Luis Aranguren Gonzalo

Este libro corresponde al Segundo Ciclo de Educación Primaria y forma parte de los materiales curriculares del proyecto editorial *Se llama Jesús* de Ediciones SM-PPC, que ha sido debidamente supervisado y autorizado por la Comisión Episcopal de Enseñanza y Catequesis con fecha 11 de junio de 2008.

ISBN: 978-84-675-9857-5
Depósito legal: M-14993-2009 / Gráficas Monterreina, S.A.
Impreso en España – *Printed in Spain*

Índice

ESTÁ ENTRE NOSOTROS

COMO ÉL NOS HA AMADO

REUNIDOS EN SU NOMBRE

Este símbolo indica que puedes aprender más en **www.primaria.librosvivos.net**

Programación Cuarto Curso

	UNIDAD	PROPUESTA INICIAL LA PREGUNTA	¿QUÉ HIZO O DIJO JESÚS?
1	**Los evangelios**	Comenzamos el curso. Medios que utilizamos para informarnos y comunicarnos. *¿Quiénes y cómo escribieron los evangelios? ¿Qué mensaje transmiten?*	Relato: *La buena noticia de Jesús se pone por escrito.* Proceso de formación de los evangelios y su mensaje. Los evangelios, como toda la Biblia, son Palabra de Dios
2	**El reino de Dios**	Relato: *Una consola PS3.* El valor de la generosidad. La buena noticia de Jesús. *¿En qué consiste el reino de Dios? ¿Está en este mundo? ¿Por qué es buena noticia?*	*Relato: Jesús anuncia el reino de Dios.* Dios reina como un Padre que ama a sus hijos. Parábolas de Jesús: el reino de Dios está en nosotros.
3	**María, madre de Jesús**	El amor de los padres a los hijos. María, una madre especial. *¿Por qué María es madre nuestra? ¿Por qué tiene tantos nombres? ¿Qué es la devoción a María?*	Relatos: *María colaboró con Dios.* Dios eligió a María como madre de Jesús. María aceptó, se ocupó de Jesús y colaboró con él y con los apóstoles.
4	**Dios con nosotros**	La alegría de la Navidad: de dónde nace y a qué conduce. *¿Por qué se hace tanta fiesta y se gasta tanto en Navidad? ¿Qué recuerda la Navidad y a qué compromete?*	Relatos: *Nacimiento e infancia de Jesús.* Jesús es Dios con nosotros. Su nacimiento llena de alegría a quienes confían en la paz y en el amor de Dios.
5	**El amor a Dios**	La relación con los padres: el amor se manifiesta en las obras. *¿Es posible amar a Dios? ¿Qué es tomar su nombre en vano? ¿Y santificar las fiestas?*	Relato: *Una fiesta de Jesús cuando cumplió doce años.* Jesús amó a Dios por encima de todo y nos enseñó a amarlo y a relacionarnos con él.
6	**El amor al prójimo**	Relato: *Paola y Berto.* El amor nos hace sinceros y solidarios. *¿Qué significa amar al prójimo? ¿Es lo mismo que ser solidario? ¿A quiénes hemos de amar?*	Relato: *¿Quién es mi prójimo?* Parábola del buen samaritano. Jesús enseña que amar al prójimo es tratar bien a todos, sin distinción, y ser solidarios con ellos.
7	**Perdonar y ser perdonados**	Viñetas: *Las cartas de Juan.* El perdón es fruto del amor. *¿Por qué y cuándo debemos perdonar? ¿Es importante el sacramento de la reconciliación?*	Relato: *Jesús y Zaqueo.* Jesús ha traído el perdón de Dios y su salvación. Dios perdona siempre y a todos.
8	**"Como yo os he amado"**	Viñetas: Escenas que reclaman ayuda. ¿Cómo hacerlo? *¿Qué nos enseña la pasión y muerte de Jesús? ¿Es importante creer que Jesús resucitó? ¿Hay otra vida después de esta?*	Relatos: *Escenas de la pasión y muerte de Jesús.* La muerte y resurrección de Jesús manifiesta el mayor amor que es posible tener. El mandamiento nuevo.
9	**La Iglesia de Jesús**	Pertenecemos a grupos diversos. La parroquia y sus actividades. *¿Cómo empezó la Iglesia? ¿Qué significa que la Iglesia es el cuerpo de Cristo? ¿Qué es el sacramento de la confirmación?*	Relatos: *Jesús y los apóstoles. Los primeros cristianos.* Jesús fundó la Iglesia cuando formó el grupo de los apóstoles y estos recibieron el Espíritu Santo.
10	**La eucaristía, fiesta de la Iglesia**	Fiestas populares y religiosas. El valor de la fiesta. *¿Por qué es importante la eucaristía? ¿Qué celebramos en ella y cómo se celebra? ¿A qué compromete?*	Relato: *Los dos discípulos de Emaús.* "Lo reconocieron al partir el pan." Jesús instituyó la eucaristía en la última cena y mandó celebrarla en memoria suya.
11	**Seguir a Jesús (recapitulación)**	Escuchar la Palabra de Dios y ponerla en práctica. Los evangelios. Parábola del sembrador.	El reino de Dios está entre nosotros. Jesús es Dios con nosotros. El amor de Jesús.

¿QUÉ HACEMOS LOS CRISTIANOS?	¿QUÉ HE APRENDIDO?	EL ÁLBUM LA CANCIÓN
Los cuatro evangelistas, sus intenciones y sus símbolos. Los evangelios dan testimonio de que Jesús es el Hijo de Dios y comunican lo más importante de su vida y de su mensaje.	Conocimiento y manejo de los evangelios. Los evangelios exponen la fe de los cristianos en Jesús, el Hijo de Dios. Valor de los evangelios.	Las religiones del libro. Canción: *Eso es evangelio.*
El reino de Dios es el amor de Dios en nuestro corazón. Se manifiesta donde hay paz, perdón, alegría y amor. Nuestro compromiso: extender el reino de Dios para lograr un mundo mejor.	El reino de Dios está en Jesús y en su mensaje de amor, paz y perdón. Es feliz quien lo descubre, lo acoge y se compromete en él.	La tarea de la Iglesia es extender el reino de Dios. Canción: *Él decía cosas bellas.*
/eneramos a María como Madre de Dios y madre de la Iglesia. María nos acoge a todos como a hijos suyos: es nuestra madre del cielo y nos ponemos bajo su protección. La devoción a María.	María es nuestra madre del cielo. Es Madre de Dios y madre de la Iglesia. La oración a María y fiestas en su honor.	Los nombres de María: advocaciones. Canción: *Una mujer sencilla.*
Creemos que Jesús es Dios con nosotros y que solo en él está la salvación de la humanidad. Celebrar la Navidad es reconocer en Jesús al Hijo de Dios y compartir la alegría, el amor y la paz.	Navidad es fiesta de paz y de amor porque celebramos el nacimiento de Jesús. Qué es lo esencial de la Navidad cristiana.	Tradiciones relacionadas con los regalos de Navidad. Canción: *Llega la Navidad.*
narás a Dios sobre todas las cosas y al prójimo como a ti mismo." El amor a Dios y la relación con él: los tres primeros mandamientos. La eucaristía dominical.	La relación con Dios mediante la oración, el respeto a su nombre y la celebración cristiana de las fiestas.	La oración en las religiones. Canción: *Sobre todas las cosas.*
"Amarás al prójimo como a ti mismo." Los mandamientos señalan el camino para amar a Dios y al prójimo y tener buenas relaciones con todos. Mandamientos 4.° a 10.°.	Jesús nos enseña a amar a Dios y al prójimo. Quien ama al prójimo es solidario y cumple los mandamientos.	Cuento: *Chusco, un perro callejero.* Canción: *Nadie tiene mayor amor.*
Jesús perdona y enseña a perdonar siempre y a todos, porque eso es lo que hace Dios con nosotros. Dios nos perdona, por medio de la Iglesia, en el sacramento de la reconciliación.	Jesús nos enseña a pedir perdón y a perdonar. Quien ama, perdona. El perdón nos devuelve la alegría y la amistad.	REMBRANDT: *El regreso del hijo pródigo.* Canción: *Yo quiero perdonarte.*
"Amaos como yo os he amado." a muerte y resurrección de Jesús nos mueve a creer en él y a seguir su ejemplo de amor a Dios y a los demás. La fe en Jesús nos da la esperanza de vivir para siempre con él en el cielo.	El amor es la señal de los cristianos. Los cristianos creemos en la resurrección de Jesús y en la vida después de la muerte.	La vida de Jesús en el cine. Canción: *Vive.*
El libro de los *Hechos de los apóstoles*. .a Iglesia es la comunidad unida a Jesús por el Espíritu Santo y dirigida por el Papa y los obispos. La Iglesia es el cuerpo de Cristo. El sacramento de la confirmación.	Los cristianos somos miembros de un mismo cuerpo, que es la Iglesia. La Iglesia comunica y celebra la salvación en los sacramentos.	Los miembros de la Iglesia y sus funciones. Canción: *¡Qué bonito escuchar las palabras!*
En la eucaristía nos unimos a Jesús para celebrar su muerte y resurrección y alabar y dar gracias a Dios. Presencia real de Jesús en la eucaristía. Nos alimentamos con su cuerpo y con su sangre.	Ritos de la eucaristía. El sacramento del amor y de la comunión con Jesús y con los demás. La eucaristía es la gran fiesta de la Iglesia.	La fiesta del *Corpus Christi*. Canción: *Celebramos la fiesta del Señor.*
Unidos a Jesús en la Iglesia. María, Madre de Dios y de la Iglesia. Celebramos la salvación en los sacramentos.	"Amarás a Dios sobre todas las cosas y al prójimo como a ti mismo." Dios es Amor. El amor es la señal de los cristianos.	

Está entre nosotros

Padre nuestro,
que estás en el cielo,
santificado sea tu nombre,
venga a nosotros tu reino.

Mt 6,9-10

1 Los evangelios

¡Qué alegría nos produce empezar un nuevo curso y encontrarnos otra vez con los compañeros y compañeras! Nos falta tiempo para contarnos nuestras cosas y compartir nuestras experiencias. ¿Cómo las contamos? ¿Qué medios utilizamos para comunicarnos?

LAS FOTOGRAFÍAS

- Observa las fotografías y responde a las preguntas:
  - ¿Cómo se comunican las personas representadas? ¿Qué medios utilizan?
  - ¿En qué casos se utiliza la palabra hablada?
  - ¿En qué casos se usa la palabra escrita?
- ¿Has pensado alguna vez en lo importante que es comunicarte con otras personas? Comenta en qué te beneficia a ti y en qué les beneficia a ellos.
- Acabas de empezar un nuevo curso. ¿Qué medios tienes a tu disposición para buscar información y adquirir los conocimientos que necesitas? Haz una lista de esos medios y selecciona los tres que consideres más importantes.

EL TEMA

La comunicación es fundamental en nuestras relaciones con los demás. Necesitamos hablar y escuchar, que nos escuchen y nos hablen. De lo contrario, viviríamos aislados y en completa soledad.

También son importantes los medios que facilitan la comunicación y ponen en nuestras manos toda la información sobre cualquier tema que necesitamos saber.

¡Qué distinto era, por ejemplo, en tiempos de Jesús! Ciertamente, no había los medios que hay ahora. ¿Qué medios utilizaría Jesús para comunicarse con la gente?

La comunicación aporta información, favorece la convivencia y facilita la relación con los demás.

- Comenta lo que sepas sobre este tema: ¿Qué es lo que ha hecho posible que el mensaje de Jesús haya llegado hasta hoy y, además, al mundo entero?

LA PREGUNTA

El mensaje de Jesús ha llegado a nosotros a través del habla y de la escritura. Nos preguntamos:

¿Quiénes escribieron los evangelios? ¿Cómo se escribieron?
¿Con qué intenciones lo hicieron? ¿Qué mensaje transmiten?

Buscaremos las respuestas a estas preguntas a fin de conocer mejor los evangelios y aprender a manejarlos.

¿QUÉ HIZO JESÚS?

Jesús no dejó nada escrito. Pero lo más importante de lo que hizo y dijo fue escrito por algunos discípulos suyos. Estos escritos son los evangelios.
Las siguientes viñetas explican por qué y para qué se escribieron estos libros.

La buena noticia de Jesús se puso por escrito

7 Más tarde, unos cristianos llamados Mateo, Marcos, Lucas y Juan recogieron por su cuenta la información que había sobre Jesús y escribieron un evangelio cada uno.

1 Contesta a estas preguntas.

- ¿Qué mandó Jesús a los apóstoles?
- ¿Cómo y cuándo comenzaron a hacerlo?
- ¿Por qué se propusieron escribir lo que Jesús dijo e hizo?
- ¿Qué medios utilizaron los evangelistas para escribir los evangelios?

2 Completa en tu cuaderno este esquema.

Cómo se escribieron los evangelios

Qué hicieron los apóstoles	→	Cuáles fueron los primeros escritos	→	Qué hicieron los evangelistas
	→		→	

3 Lee el vocabulario y completa estas frases:

- Evangelio significa ....
- Los apóstoles anunciaron el .... de Jesús.
- Los cuatro evangelios comunican las .... y .... de Jesús.

Evangelio: significa buena noticia.

Los cuatro evangelios se llaman así porque comunican por escrito la buena noticia de Jesús, sus palabras y sus hechos.

Los evangelios comunican por escrito la buena noticia de Jesús, es decir, lo más importante de lo que dijo e hizo.

¿QUÉ DICEN LOS EVANGELIOS?

Llamamos *evangelistas* a quienes escribieron los evangelios. Lo hicieron inspirados por Dios. Por eso todo lo que está escrito en los cuatro evangelios es Palabra de Dios. Lo que dicen, es Dios quien lo dice.

Los cuatro evangelios

Evangelio de san Mateo

Debe su nombre al apóstol san Mateo, aunque no es seguro que sea de él. La intención de este evangelio es proclamar que Jesús es el salvador del mundo.

Su símbolo es un hombre con alas, ya que empieza el evangelio con una lista de antepasados de Jesús. Esto da a entender que Jesús es Dios y hombre.

Evangelio de san Marcos

San Marcos fue ayudante de san Pedro y compañero de san Pablo. En su evangelio destaca que Jesús es el Hijo de Dios.

Su símbolo es un león, animal del desierto, porque comienza su evangelio con el relato de Juan Bautista en el desierto.

Evangelio de san Lucas

San Lucas era médico y acompañó a san Pablo en algunos de sus viajes. En su evangelio resalta el amor y la ternura de Dios que revela Jesús.

Su símbolo es un toro, animal que se utilizaba para los sacrificios, pues comienza el evangelio con un relato sobre el sacerdote Zacarías ofreciendo un sacrificio en el templo.

Evangelio de san Juan

San Juan era el apóstol más joven; se decía que era el discípulo a quien Jesús más quería. Su evangelio proclama que Jesús es el Mesías, el Hijo de Dios.

Su símbolo es un águila porque este evangelio está escrito en un lenguaje culto, tan elevado como el vuelo de las águilas.

1 Las ilustraciones de la página anterior corresponden a un libro de los evangelios del siglo VI. Se conserva en la Biblioteca Británica de Londres.

- Identifica al evangelista representado en cada ilustración. ¿En qué símbolo deberás fijarte para identificarlo?

2 Lee detenidamente el párrafo de cada evangelio y completa en tu cuaderno el siguiente esquema (la última columna la completarás más adelante).

Los cuatro evangelios			
Nombre	¿Qué era?	Intención principal de su evangelio	Símbolo que le representa
Mateo			
Marcos			
Lucas			
Juan			

"Esta buena noticia se ha escrito para que ... ."

3 En la siguiente viñeta la familia representada está leyendo unas palabras del evangelio de san Juan (*capítulo 20, versículo 31*). Fíjate bien en esas palabras y completa con ellas el esquema anterior.

4 Piensa en lo que has estudiado y explica el porqué de la siguiente afirmación:

Los cuatro evangelios, junto a los otros libros del Nuevo Testamento, son los escritos más importantes para los cristianos de todos los tiempos.

Los evangelios dan testimonio de que Jesús es el Hijo de Dios y comunican lo más importante de su vida y de su mensaje.

Saber manejar los evangelios

Ya sabes que la Biblia se divide en dos grandes conjuntos: el Antiguo Testamento y el Nuevo Testamento.

La palabra *testamento* significa "testimonio". La Biblia entera es el testimonio que Dios da de sí mismo y de sus acciones salvadoras.

Los evangelios son los cuatro primeros libros del Nuevo Testamento. Su lectura es muy importante para acercarnos a Jesús, relacionarnos con él y vivir su mensaje. Por eso interesa aprender a manejarlos y saber encontrar un relato o una frase.

La Biblia es como una pequeña biblioteca en la que hay 73 libros: 46 son del Antiguo Testamento y 27 del Nuevo Testamento.

Cómo localizar un texto en los evangelios

El nombre de cada evangelio se identifica de forma abreviada, como se indica a continuación:

- Evangelio de san Mateo → **Mt**
- Evangelio de san Marcos → **Mc**
- Evangelio de san Lucas → **Lc**
- Evangelio de san Juan → **Jn**

Cada evangelio está dividido en capítulos numerados. El número del capítulo destaca por su tamaño.

Dentro de cada capítulo hay una serie de números pequeños. El texto comprendido entre un número y el siguiente se llama *versículo*.

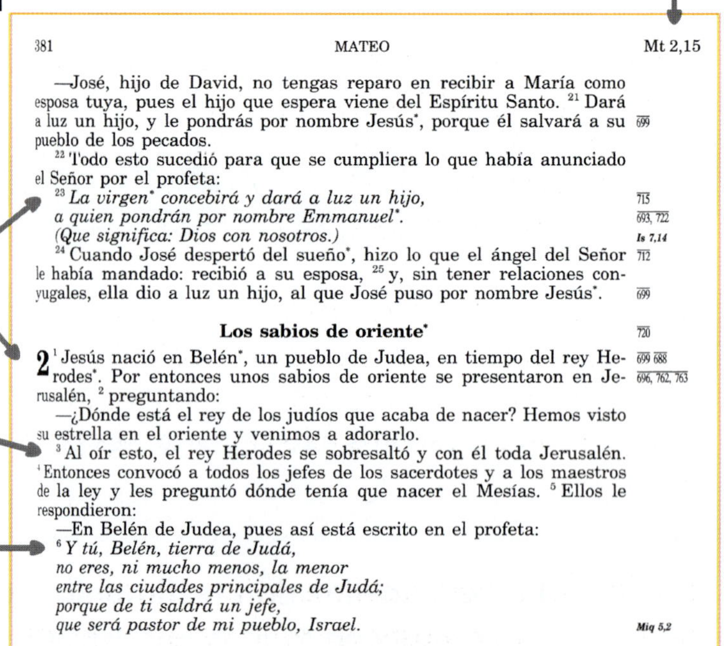
381 MATEO Mt 2,15

—José, hijo de David, no tengas reparo en recibir a María como
esposa tuya, pues el hijo que espera viene del Espíritu Santo. 21 Dará
a luz un hijo, y le pondrás por nombre Jesús*, porque él salvará a su 699
pueblo de los pecados.
22 Todo esto sucedió para que se cumpliera lo que había anunciado
el Señor por el profeta:
23 *La virgen* concebirá y dará a luz un hijo,* 715
a quien pondrán por nombre Emmanuel.* 693, 722
(Que significa: Dios con nosotros.) ***Is 7,14***
24 Cuando José despertó del sueño*, hizo lo que el ángel del Señor 712
le había mandado: recibió a su esposa, 25 y, sin tener relaciones con-
yugales, ella dio a luz un hijo, al que José puso por nombre Jesús*. 699

Los sabios de oriente* 720

2 1 Jesús nació en Belén*, un pueblo de Judea, en tiempo del rey He- 699 688
rodes*. Por entonces unos sabios de oriente se presentaron en Je- 696, 762, 763
rusalén, 2 preguntando:
—¿Dónde está el rey de los judíos que acaba de nacer? Hemos visto
su estrella en el oriente y venimos a adorarlo.
3 Al oír esto, el rey Herodes se sobresaltó y con él toda Jerusalén.
4 Entonces convocó a todos los jefes de los sacerdotes y a los maestros
de la ley y les preguntó dónde tenía que nacer el Mesías. 5 Ellos le
respondieron:
—En Belén de Judea, pues así está escrito en el profeta:
6 *Y tú, Belén, tierra de Judá,*
no eres, ni mucho menos, la menor
entre las ciudades principales de Judá;
porque de ti saldrá un jefe,
que será pastor de mi pueblo, Israel. ***Miq 5,2***

Cómo se entiende una cita de los evangelios

Si la cita es, por ejemplo: **Mt 2, 3**

Evangelio de san Mateo	Capítulo 2	Versículo 3

El capítulo y el versículo se separan con una coma.

Si la cita es ***Mt 2,3-5***
indica que el texto del capítulo 2 que hay que buscar es el comprendido entre los versículos 3 a 5, ambos inclusive.

Si la cita es ***Mt 2,3.5***
indica que el texto del capítulo 2 que hay que buscar es el correspondiente a los versículos 3 y 5 (no el 4).

2 1 Jesús nació en Belén*, un pueblo de Judea, en tiempo del rey He- 699 688
rodes*. Por entonces unos sabios de oriente se presentaron en Je- 696, 762, 763
rusalén, 2 preguntando:
—¿Dónde está el rey de los judíos que acaba de nacer? Hemos visto
su estrella en el oriente y venimos a adorarlo.
3 Al oír esto, el rey Herodes se sobresaltó y con él toda Jerusalén.
4 Entonces convocó a todos los jefes de los sacerdotes y a los maestros
de la ley y les preguntó dónde tenía que nacer el Mesías. 5 Ellos le
respondieron:
—En Belén de Judea, pues así está escrito en el profeta:
6 *Y tú, Belén, tierra de Judá,*
no eres, ni mucho menos, la menor
entre las ciudades principales de Judá;
porque de ti saldrá un jefe,
que será pastor de mi pueblo, Israel. Miq 5,2

1 Escribe en tu cuaderno cómo se leen estas citas y búscalas en tu Biblia.

Mt 9,9 → *Evangelio de san ...., capítulo ...., versículo ....*
Mc 6,1-6 → *Evangelio de san ...., capítulo ...., versículos ....*

2 Anota en una ficha los nombres propios que aparecen en las siguientes citas:

a) Lc 1,39-40 *b)* Lc 9,18-20 *c)* Mc 1,16.19

3 Escribe las siguientes citas en abreviatura y busca en tu Biblia de qué tratan.

- *San Lucas, capítulo 10, versículos 21 y 23*
- *San Juan, capítulo 2, versículo 11*

4 Los cristianos acostumbran a leer los evangelios en diversas ocasiones y lugares. Observa la fotografía y comenta dónde y cómo se está leyendo el evangelio.

El sacerdote proclama el evangelio en la misa y todos escuchan de pie en señal de respeto.

5 Escribe una redacción sobre lo importante que es para un cristiano leer los evangelios.

¿QUÉ HE APRENDIDO?

RESUMEN

- Los evangelios son los cuatro primeros libros del Nuevo Testamento. Se conocen por los nombres de quienes los escribieron: Mateo, Marcos, Lucas y Juan.
- Los evangelios comunican la buena noticia de Jesús, lo más importante de lo que dijo e hizo, y dan testimonio de que Jesús es el Hijo de Dios.
- Los evangelios, igual que la Biblia entera, han sido inspirados por Dios. Son Palabra de Dios. Lo que dicen, es Dios quien lo dice.
- Para un cristiano es muy importante leer los evangelios y saber manejarlos.

1 Los niños de la fotografía están leyendo un relato del evangelio.

- ¿Por qué es tan importante para los cristianos leer los evangelios? ¿Qué comunican?

2 Adivina quiénes son los evangelistas representados en estas dos imágenes:

3 Sigue *el salto de caballo* del juego de ajedrez y descubre la frase.

- Comprueba si la frase que has descubierto coincide con lo que dice este texto: ***Jn 20,31***.
- Escribe la frase en tu cuaderno.

LOS	JO	BIE	SUS	QUE
CRI	JE	RA	DE	RON
HI	E	ES	CREA	LIOS
QUE	ES	GE	PA	**DIOS**.
VAN	EL	MOS	SE	

4 Busca ***Lc 24,44-48***. Léelo con atención y contesta.

- ¿Qué es lo que estaba escrito? ¿Dónde estaba escrito?
- ¿De qué son testigos los discípulos de Jesús?
- ¿Tienen los evangelios alguna relación con estas preguntas?

CANTAMOS

Eso es evangelio

1. Dios siempre está dispuesto a perdonar,
porque es amor y nunca se cansa de amar.
2. Dios siempre está dispuesto a escuchar,
le puedo hablar y Padre le puedo llamar.

Eso es una buena noticia,
es evangelio,
es evangelio,
es evangelio.

Autoevaluación. UNIDAD 1

EL ÁLBUM

La mayoría de las religiones tienen libros cuyo contenido atribuyen a Dios o a enviados suyos. Entre ellas destacan el judaísmo, el cristianismo y el islam.

La Biblia es el libro sagrado de la religión judía, pero solo el Antiguo Testamento. En la Biblia judía no existe el Nuevo Testamento, ya que los judíos no creen que Jesús sea el Mesías.
Los libros de la Biblia judía se leen en hebreo, lengua en la que fueron escritos. Estos se conservan en rollos, en vez de en libros.
Los judíos leen la Biblia con frecuencia, en especial en la sinagoga, a la que acuden para hacer la oración comunitaria.

La Biblia cristiana comprende el Antiguo y el Nuevo Testamentos. Es el libro santo no solo porque habla de Dios, sino porque es Dios mismo quien habla en él. Lo más original de la Biblia cristiana es el Nuevo Testamento, en particular los evangelios.
La Biblia se ha traducido a todos los idiomas y generalmente se leen sus textos en la lengua que se habla en los distintos países.
Los cristianos leen la Biblia con frecuencia, bien solos o en común, como ocurre en las celebraciones religiosas.

El libro sagrado del islam es el Corán. Según la fe musulmana, este libro contiene las palabras que el ángel Gabriel, en nombre de Dios, dictó al profeta Mahoma.
El Corán es leído y aprendido de memoria por los musulmanes en la lengua en que fue escrito, que es el árabe.
Los musulmanes leen textos del Corán con mucha frecuencia, tanto en sus oraciones particulares como comunitarias. Los viernes se reúnen en la mezquita para orar recitando textos del Corán.

2 El reino de Dios

Con frecuencia oímos decir a los mayores que "el mundo anda mal". Y no les falta razón. Pero también nos hablan de casos en los que el amor es más fuerte que el odio, en los que la paz gana a la violencia y en los que ser generosos vale más que ser egoístas. ¿Sucede esto en el caso siguiente?

Una consola PS3

LAS VIÑETAS

- Repasa la historieta descrita en las viñetas.
  - Cuenta dónde sucede la historieta, quiénes son los protagonistas y qué objeto les apetece a todos.
  - ¿Consideras normal que Martín se quede con la consola?
  - ¿Por qué Martín decide regalar la consola a Sonia?
- ¿Qué opinas de la acción de Martín? ¿A qué se debe que se sienta más contento cuando regala la consola que cuando le tocó en la tómbola?
- ¿Te ha pasado alguna vez algo parecido al hecho descrito en la historieta anterior? Cuenta lo que hiciste y cómo te sentiste.

EL TEMA

A las personas nos gusta tener cosas. A veces pensamos que somos más que otros por tener más que ellos. Pero no todas las cosas son necesarias. En ocasiones son caprichos y la alegría que producen dura muy poco.

La alegría que más dura no la da lo que tenemos, sino lo que somos y hacemos. Por ejemplo, es más feliz el que comparte que el que acapara. Porque compartir es señal de amor.

Jesús no trajo cosas a este mundo. Nos trajo la buena noticia del reino de Dios, que es amor, paz y generosidad.

Ser amigos significa compartir. Es más feliz el que comparte que el que acapara.

- En una oración se recita esta petición: "Venga a nosotros tu reino".
  - ¿Recuerdas en qué oración se recita? ¿Sabes qué significa esa frase? Explica tu manera de entenderla.

LA PREGUNTA

Jesús anunció el reino de Dios y lo hizo presente en su persona y en sus obras.

¿A qué llama Jesús "reino de Dios"? ¿En qué consiste? ¿Dónde está? ¿Está en este mundo o es para otro mundo? ¿Por qué es buena noticia?

Vamos a buscar en los evangelios la respuesta a tales preguntas.

¿QUÉ DIJO JESÚS?

El mensaje de Jesús se resume en la buena noticia del reino de Dios.
¿Es este reino algo parecido a un país gobernado por un rey?
¿A qué se refería Jesús?

Jesús anuncia el reino de Dios

1 Cuando Jesús hablaba del reino de Dios la gente ya sabía a qué se refería. Sin embargo, lo que decía Jesús no coincidía con lo que esperaba la gente.

- Señala esas diferencias completando el siguiente esquema:

Según la gente	EL REINO DE DIOS	Según Jesús
	¿Quién lo trae?	
	¿Qué traerá al mundo?	
	¿Cómo será su rey?	
	¿Dónde está?	
	¿En qué se notará?	

2 El reino de Dios que anuncia Jesús no es como cualquier otro reino o nación. Aparentemente no se nota. ¿Por qué? Completa las frases.

- *El reino de Dios está ____ de vosotros. Dios reina como un ____ ____.*
- *Donde hay ____, está el reino de Dios.*
- *Nosotros somos ____ e ____ de Dios y ____ unos de otros.*
- *El reino de Dios es ____, justicia, ____ y ____.*

Jesús ha traído al mundo el reino de Dios.
Dios reina en el mundo como un padre bueno que nos quiere.

¿QUÉ DIJO JESÚS?

En la época de Jesús existía la costumbre de explicar las cosas con ejemplos.
Se contaban historias relacionadas con el campo, las profesiones y la vida diaria.
Jesús hizo algo parecido para hablar del reino de Dios.

1. Se parece a un tesoro escondido en el campo… ***(Mateo 13,44)***

2. Se parece a un grano de mostaza… ***(Mateo 13,31-32)***

3. Se parece a la levadura… ***(Mateo 13,33)***

1 Jesús hablaba de lo importante que es el reino de Dios contando parábolas.

- Fíjate bien en qué es una parábola.
- Jesús comenzaba cada una de sus parábolas diciendo:

  "El reino de Dios se parece a...".

  - ¿Por qué usaría esta expresión?

Parábola: historia inventada para enseñar, por comparación, una verdad importante o una buena manera de comportarse.

2 En la página anterior tienes tres parábolas de Jesús. Para entenderlas bien, debes saber primero qué es un tesoro, un árbol de mostaza y la levadura.

- Busca esos terminos en el diccionario o en una enciclopedia y comenta qué son, cómo actúan o para qué sirven, según el caso.

3 Observa nuevamente las viñetas y busca en el evangelio de san Mateo los textos de las parábolas citadas. Después, completa este esquema.

	El reino de Dios se parece a:	Qué dice la parábola	Qué enseña sobre el reino de Dios
1.ª	Un tesoro		
2.ª	Un grano de mostaza		
3.ª	La levadura		
4.ª			

4 Lee otra parábola de Jesús en esta cita: ***Mt 13,45-46*** y añádela al esquema.

5 Pon en juego tu imaginación y continúa las frases propuestas.

El reino de Dios
- *no se ve a simple vista* → *pero quien lo descubre ... .*
- *parece muy pequeño* → *pero quien lo recibe ... .*
- *parece que no hace nada* → *pero quien lo acoge ... .*

El reino de Dios está en nuestro interior.
Quien lo acoge, se llena de alegría.

¿QUÉ HACEMOS LOS CRISTIANOS?

¡Venga a nosotros tu reino!

El reino de Dios no es una nación ni es un gobierno. Es la relación de amor entre Dios y la humanidad. Es decir:

- El reino de Dios es el amor de Dios en el corazón de cada hombre y mujer.
- Dios reina como un padre que ama a sus hijos y nos hace hermanos.
- Se manifiesta donde hay amor, paz, justicia, perdón y alegría.
- Todos podemos descubrirlo y acogerlo.

Jesús ya ha traído el reino de Dios: está en nosotros. Nuestra tarea es acogerlo y hacer que se manifieste en el mundo y avance hacia su meta definitiva. Esto hacemos cuando amamos a Dios y a los demás y buscamos un mundo mejor.

El reino de Dios está en quienes se dejan amar por Dios y buscan la amistad y la paz.

1 Al comienzo de la unidad se propuso comentar esta petición del padrenuestro: "Venga a nosotros tu reino".

- Lee el texto de arriba y explica qué pedimos a Dios en esa petición y a qué compromete.

2 Vuelve al texto de arriba y copia en tu cuaderno las frases que empiezan así:

- *El reino de Dios es ... .*
- *Dios reina como ... .*
- *Se manifiesta donde hay ... .*
- *Todos podemos ... .*

3 Completa en tu cuaderno la frase siguiente. Hazlo en toda una página, con letras grandes y de colores, y con dibujos.

El r__ __n__ d__ D__ __s __st__ d__nd__ h__y

__m__r, p__rd__n, __l__gr__ __ y p__z.

Todos los cristianos y cristianas tienen el compromiso de reflejar el reino de Dios en sus palabras y en sus obras y así colaborar para conseguir un mundo mejor.

4 Observa las fotografías. ¿Qué acción representa cada una?

- A juzgar por la acción representada, ¿qué fotografías manifiestan si ahí está o no el reino de Dios? Explica por qué.

5 Busca en periódicos atrasados tres o cuatro noticias que indiquen, de alguna manera, hechos que den a entender que en ellos está el reino de Dios. Recórtalas y pégalas en una hoja.

- Si el profesor o profesora lo considera oportuno, junta tus noticias con las de otros compañeros y compañeras y haced un mural con ellas.

6 Las piezas del puzle contienen una frase de Jesús sobre el reino de Dios.

Buscad ante	y lo que es	os dará	reino de Dios
todo el	él, y Dios	propio de	lo demás.

- Busca este texto: ***Mt 6,33*** y comprueba si lo que dice el evangelio coincide con el resultado del puzle.

¿QUÉ HE APRENDIDO?

RESUMEN

- Jesús trajo al mundo el reino de Dios. Este consiste en la relación de amor entre Dios y la humanidad: Dios reina en el mundo como un Padre bueno que nos ama.
- El reino de Dios está dentro de nosotros y allí donde hay amor, justicia, perdón y paz. Quien lo descubre y acoge se llena de alegría.
- Jesús ha puesto el reino de Dios en nuestras manos. Todos los cristianos tenemos el compromiso de construir el reino de Dios y así colaborar en un mundo mejor.

1 La escena de la fotografía indica qué sucede cuando Dios reina entre nosotros.

- Explica si se puede relacionar lo representado en la fotografía con el reino de Dios.
- Contesta: ¿Por qué el reino de Dios que anunció Jesús es una buena noticia para todo el mundo?

El reino de Dios es el amor de Dios en nuestros corazones, lo cual es fuente de la mayor alegría.

2 Escribe un resumen sobre el reino de Dios siguiendo estos aspectos: qué no es, a qué se parece, en qué consiste y dónde está.

3 ¿Recuerdas las viñetas sobre la consola de Martín? ¿Hay algo en ellas que pueda parecerse a lo que es el reino de Dios? Coméntalo.

4 Inventa una parábola que cuente a qué se parece el reino de Dios. Una vez inventada, dibújala en viñetas empezando así:

"El reino de Dios se parece a…".

CANTAMOS

Él decía cosas bellas

Él decía cosas bellas
con palabras muy sencillas,
para que quien entendiera
se llenara de alegría.

Les hablaba de un tesoro
mucho tiempo escondido,
pero que quien lo descubre
siente gozo al compartirlo.

La semilla es muy pequeña,
pero esconde tanto fruto,
que cuando se la echa en tierra
nos dará "ciento por uno".

El que busca ricas perlas
y se encuentra una hermosa,
vende todo lo que tiene
y adquiere la valiosa.

El reino de Dios es tesoro,
es semilla, es la perla.
El reino de Dios con nosotros.
Él decía cosas bellas.

Autoevaluación. UNIDAD **2**

EL ÁLBUM

La Iglesia ha recibido de Jesús la tarea de extender el reino de Dios por el mundo y hacerlo crecer. Por eso, la Iglesia tiene el compromiso de defender la dignidad de las personas, de trabajar por la paz y la justicia y de colaborar en la construcción de un mundo mejor.

Los misioneros y misioneras son portadores del amor de Dios allí donde van. Ellos anuncian el reino de Dios no solo de palabra, sino con obras, a ejemplo de Jesús. Defienden la dignidad de niños y mayores, luchan contra la pobreza y colaboran en el desarrollo de los pueblos mediante escuelas, hospitales, comedores y otras muchas acciones solidarias. Todas ellas manifiestan el reino de Dios en acción.

La cruz nos recuerda el amor de Dios y la presencia del reino de Dios en el mundo.

El Papa eleva su voz en numerosas ocasiones para exigir el respeto a la dignidad de las personas y de las familias y para denunciar la pobreza y la desigualdad social. Asímismo colabora en la solución pacífica de los conflictos y promueve la solidaridad, la paz y la fraternidad entre todos los pueblos de la Tierra.

El Papa impulsa a los cristianos a extender el reino de Dios en el mundo mediante la paz, la justicia y la solidaridad.

Los voluntarios y voluntarias comparten su tiempo y su trabajo con los más pobres de la Tierra y con quienes padecen situaciones desesperadas. Con su labor hacen que nuestra sociedad sea más solidaria y acogedora. Colaboran así en la construcción de un mundo mejor y en hacer presente el reino de Dios entre nosotros.

Los voluntarios y voluntarias colaboran gratis en numerosas acciones humanitarias.

3. María, madre de Jesús

La mayor parte de nuestra vida la pasamos en familia y con la familia. Los hijos somos lo más importante para los padres. Y los padres son lo más importante para los hijos. Porque nos han dado la vida, nos quieren, nos protegen, nos acompañan y nos ayudan a crecer con alegría.

LA ILUSTRACIÓN

- El dibujo muestra una escena bastante frecuente en muchos hogares.
  - ¿Qué personas están representadas? ¿Qué hace cada una de ellas?
  - ¿En qué y cómo colabora cada una en las tareas familiares?
  - ¿Qué persona realiza una actividad que solo ella puede hacer?
  - ¿Es muy importante lo que hace? ¿Por qué?
- Piensa en una situación vivida por ti parecida a la representada en la ilustración. Comenta en qué colaboró cada miembro de la familia, y cómo te sentiste tú mismo mientras colaborabas y después.
- Haz una redacción sobre tu madre o tu padre, o sobre los dos, como prefieras. Escribe lo importantes que son para ti y qué sientes por ellos. Después dibújalos en una escena similar a la de la página anterior.

EL TEMA

Lo que vemos hacer a nuestros padres por nosotros es solo una pequeña parte de lo muchísimo que hacen. Su vida entera está prácticamente volcada en atendernos y cuidarnos. Y todo lo hacen por amor. ¿Habrá alguna manera de agradecérselo?

Jesús también tuvo una familia. E igual que nos sucede a nosotros, su madre fue para él una persona muy especial. Vamos a recordar a María y a descubrir por qué es una madre tan especial para Jesús y para los cristianos.

Nuestra madre es para nosotros una persona muy especial. Es la mejor madre del mundo.

- ¿Recuerdas algún momento de la vida de María? ¿Qué es lo que más te llama la atención de María?

LA PREGUNTA

María, la madre de Jesús, es venerada y querida por los católicos.

¿Por qué se realizan tantos actos en honor a María?
¿Por qué hay muchas imágenes de la Virgen y con tantos nombres?
¿Qué quiere decir que María es madre nuestra?

Vamos a buscar en los evangelios cómo María colaboró con Jesús y por qué es madre de la Iglesia y de todos los cristianos.

¿QUÉ HIZO MARÍA?

Los evangelios dicen muy pocas cosas de María. Pero las suficientes para que podamos entender que María estuvo siempre al lado de Jesús y colaboró en la tarea que Jesús realizó en este mundo.

María colabora con Dios

1 El anuncio del ángel *(Lc 1,26-38)*

María vivía en Nazaret. Era joven y tenía decidido casarse con José, un carpintero de la misma localidad.

Un día, María recibió la visita del ángel Gabriel, un mensajero de Dios. El ángel la saludó y le anunció que Dios la había elegido para ser, por obra del Espíritu Santo, la madre de Jesús, el Hijo de Dios.

María confiaba en Dios y aceptó ser la madre de Jesús, tal como Dios le pedía.

2 La visita a Isabel (*Lc 1,39-56*)

Días después de la visita del ángel, María fue a un pueblo de la montaña para ayudar a su prima Isabel, que estaba embarazada.

Isabel la recibió muy contenta y con muestras de saber ya que Dios la había elegido como madre de Jesús. María le respondió con un cántico de alabanza y gratitud a Dios.

María se quedó con Isabel unos tres meses; después volvió a su casa de Nazaret.

3 Al cuidado de Jesús (*Lc 2,1-40*)

María y José tuvieron que viajar a Belén, donde nació Jesús. Un tiempo después, regresaron a Nazaret. María cuidó a Jesús con mucho cariño, siempre estuvo pendiente de él, lo ayudó a crecer y a aprender, y le enseñó a amar a Dios y al prójimo.

María guardaba en su corazón todos los recuerdos de la infancia de Jesús.

4 Acompañando a Jesús (*Jn 2,1-12*)

Cuando Jesús empezó a ir de pueblo en pueblo para anunciar el reino de Dios, María lo apoyó, colaboró con él y lo acompañó en muchas ocasiones. Por ejemplo, a una boda en Caná de Galilea donde, gracias a ella, Jesús hizo el milagro de convertir el agua en vino.

5 Junto a la cruz (*Jn 19,25-27*)

María estuvo en Jerusalén junto a Jesús en los momentos más duros de su vida, es decir, durante la pasión y muerte de Jesús. Desde la cruz, Jesús vio a su madre y al apóstol Juan, y dijo:

–Mujer, ahí tienes a tu hijo.

Después dijo al apóstol Juan:

–Ahí tienes a tu madre.

Y desde aquel momento, el apóstol Juan la recibió como suya.

6 En Pentecostés (*Hch 1,9-14*)

María se llenó de alegría cuando vio resucitado a su hijo Jesús. Y tras la subida de Jesús al cielo, acompañó a los apóstoles a Jerusalén y recibió con ellos el Espíritu Santo el día de Pentecostés.

María se ocupó de Jesús, colaboró en su tarea de anunciar el reino de Dios y acompañó a los apóstoles en los comienzos de la Iglesia.

María es nuestra madre del cielo

La Iglesia proclama que la Virgen María es:

- *Madre de Dios* por ser madre del Hijo de Dios hecho hombre.
- *Madre nuestra* por ser madre de Jesús y porque así lo quiso el mismo Jesús cuando, desde la cruz, le pidió que tomara como hijo al apóstol Juan.
- *Madre de la Iglesia* porque colaboró con Jesús y con los apóstoles en los comienzos de la Iglesia y la sigue alentando y protegiendo desde el cielo.

Nadie sabe cuándo ni cómo murió María. La Iglesia enseña que, después de su muerte, Jesús se la llevó con él al cielo en cuerpo y alma. Desde el cielo nos cuida y protege e intercede ante Dios por nosotros.

Los artistas coinciden en representar a María como madre, con su hijo en brazos.

1 Repasa los textos y viñetas de las dos páginas anteriores y haz un resumen siguiendo este esquema:

	Lo que hizo María
Anuncio del ángel →	
Visita a Isabel →	
Nacimiento de Jesús →	
Infancia de Jesús →	
Boda en Caná →	
Al pie de la cruz →	
En Pentecostés →	

2 Busca en tu Biblia los textos señalados a continuación y, a partir de ellos, continúa las frases siguientes.

- ***Lc 1,38:*** *“Aquí está la ...”.*
- ***Lc 1,41:*** *“Bendita tú ...”.*
- ***Lc 1,48:*** *“Desde ahora me llamarán ...”.*

María acoge a todos como a hijos suyos: es nuestra madre del cielo.

3 Los católicos reconocemos que María es nuestra madre del cielo y le manifestamos nuestro amor mediante cantos y oraciones como el avemaría. ¿La recuerdas?

- El avemaría se compone de las palabras con que el ángel e Isabel saludaron a María. A tales palabras se añaden las que están al pie de la fotografía. Complétalas y contesta.
  - ¿Cómo se le llama a María?
  - ¿Qué le pedimos y para cuándo?

Santa María, madre de ... ,
... por nosotros, pecadores,
... y en la hora de nuestra ... .

4 Entre las fiestas que se celebran en honor a María hay tres que destacan por su importancia en la Iglesia universal.

- Investiga qué fiestas son teniendo en cuenta que se celebran en las fechas indicadas al lado.
- Asimismo, investiga qué fiestas hay dedicadas a la Virgen en tu localidad o comunidad autónoma, en qué fechas se celebran y cómo se celebran.

8 de diciembre
1 de enero
15 de agosto

5 Otros signos de amor a María se manifiestan en las iglesias y ermitas dedicadas a María y en las numerosas procesiones y romerías populares que se celebran en su honor.

- Probablemente hay una iglesia o ermita dedicada a María en tu localidad. Busca información sobre qué imagen se venera en ella, por qué se construyó la ermita, qué actos se realizan y cuándo.

En muchas localidades se celebran romerías que expresan la alegría cristiana de tener a María por madre.

María es Madre de Dios y Madre de la Iglesia.
Los cristianos la veneramos y nos ponemos bajo su protección.

¿QUÉ HE APRENDIDO?

RESUMEN

- Dios eligió a María como madre de Jesús. María aceptó y es bendita entre todas las mujeres de la Tierra.
- María se ocupó de Jesús, colaboró con él en la salvación de la humanidad y acompañó a los apóstoles en los comienzos de la Iglesia.
- La Iglesia católica reconoce a María como Madre de Dios y madre de la Iglesia. Es nuestra madre del cielo.
- Los cristianos nos ponemos bajo la protección de María y la veneramos mediante cantos, oraciones y fiestas.

1 A veces vemos imágenes de María en las calles o en las casas. ¿A qué crees que se debe? Explícalo teniendo en cuenta lo que has estudiado sobre María.

Imagen de la Virgen en una calle de Sevilla.

2 Escribe en pocas palabras la relación de María con las siguientes localidades:

Nazaret • *Belén* • *Caná* • *Jerusalén*

- Escribe lo que María vivió en tales localidades y cómo colaboró con Jesús.

3 Completa el pasatiempo.

1. Por ser de Jesús también lo es nuestra.
2. Fiesta de María que se celebra el 8 de diciembre.
3. Son populares y muchas de ellas se celebran en honor a María.
4. María lo es entre todas las mujeres de la Tierra.
5. Oración dirigida a María.

				1	M						
	2				A						
3					R						
4					I						
5					A						

CANTAMOS

Una mujer sencilla

Una mujer sencilla
con un gran corazón.
Una mujer sencilla. Esa es María,
la Madre de Dios.

1. Yo la llamo "madre"
porque "madre" significa el cariño,
la ternura y el amor.
Yo la llamo "madre"
porque "madre" me recuerda su calor
y protección cuando hay dolor.

2. Nada hay tan hermoso
que sentir que una madre,
pase lo que pase, siempre estará ahí.
Pienso que Jesús aprendería muchas cosas
contemplando a su madre tan feliz.

Autoevaluación. UNIDAD **3**

EL ÁLBUM

El nombre de la Virgen es María, pero se la llama y representa de muchas maneras. Prácticamente, en cada localidad se la venera con un nombre distinto. A estos nombres se les llama "advocaciones" de María.

Virgen de la Almudena, Madrid

Virgen de la Candelaria, Canarias

Virgen de Arantzazu, País Vasco

Virgen de la Fuensanta, Murcia

Virgen de Covadonga, Principado de Asturias

Virgen de los Desampa-rados, Valencia

Virgen Peregrina, Galicia

Virgen de Guadalupe, Extremadura

Virgen de Lluc, Baleares

Virgen de Montserrat, Cataluña

Virgen de la Peña de Francia, Castilla y León

Virgen Santa María la Real, Navarra

Virgen de Valvanera, La Rioja

Virgen del Sagrario, Castilla La Mancha

Virgen del Pilar, Aragón

Virgen del Rocío, Andalucía

Virgen la Bien Aparecida, Cantabria

4 Dios con nosotros

Los cristianos nos disponemos a celebrar la venida de Jesús, el Hijo de Dios, al mundo. Es un acontecimiento que nos llena de esperanza y de alegría. Por eso preparamos las fiestas de Navidad con mucho interés y con la inquietud de hacer algo bueno por los demás.

LAS VIÑETAS

- Observa las viñetas y comenta lo que dan a entender.
  - ¿Qué hacen las personas representadas? ¿Por qué lo hacen?
  - ¿Qué sentimientos te producen los hechos representados?
- Haz una lista de actividades que suelen hacerse con motivo de la Navidad:
  - en tu localidad
  - en tu escuela o tu colegio
  - en tu familia
- Selecciona, de la lista anterior, las dos actividades que te parezcan más importantes y las dos que tengan menos importancia. Explica el porqué.

EL TEMA

Las calles y las casas se llenan de luces y adornos que nos hacen sentir mucha alegría. Pero ¿a qué se debe esa explosión de alegría?
La religión no está reñida con la alegría. Al contrario. Jesús trajo al mundo el amor y la paz. ¿Hay mayor motivo para la alegría que este? El problema es que ese amor y esa paz no han llegado todavía a todos los rincones del mundo. Por eso la alegría de la Navidad es, para los cristianos, un impulso que nace de la fe en Jesús y conduce a compartir el amor de Dios presente entre nosotros.

Detalle de la *gruta del pesebre* en la iglesia de la Natividad, en Belén. La estrella indica el punto exacto donde, según la tradición, nació Jesús.

- ¿Qué hecho o actividad relacionada con las fiestas de Navidad es la que más alegría te produce? Escribe una redacción sobre ello.

LA PREGUNTA

El ambiente que vivimos en Navidad nos plantea algunas preguntas:

¿Por qué se hace tanta fiesta en Navidad?
¿Tienen relación los gastos de estos días con el nacimiento de Jesús?
¿Qué recuerda la Navidad y a qué compromete?

Vamos a recordar los hechos relacionados con el nacimiento de Jesús y a valorar los compromisos que reclama la fe cristiana.

¿QUÉ HIZO JESÚS?

Los evangelios de Lucas y Mateo narran algunos detalles del nacimiento y la infancia de Jesús. La intención de esos relatos es destacar que Jesús es el Mesías, el Hijo de Dios y, como anunciaron los profetas, *Dios con nosotros*.

Relatos sobre la infancia de Jesús

1 Nacimiento de Jesús (*Lc 2,1-7*)

El emperador romano Augusto ordenó hacer un censo o listado de todas las personas del imperio. José y María tuvieron que viajar a Belén porque los antepasados de José provenían de esa ciudad.

Cuando llegaron a Belén no encontraron donde hospedarse y se refugiaron en un establo.

En ese establo nació Jesús. María lo envolvió en pañales y lo acostó en un pesebre.

2 Los pastores (*Lc 2,8-20*)

Unos pastores que pasaban la noche al raso cuidando sus rebaños, fueron avisados por un ángel del nacimiento de Jesús.

Enseguida acudieron al establo, ofrecieron su ayuda a José y María, y adoraron a Jesús reconociendo que era el Mesías, el Hijo de Dios hecho hombre.

3 Los sabios de Oriente (*Mt 2,1-12*)

Unos sabios de un país lejano localizaron una estrella nueva; para ellos era una señal de que había nacido Jesús. Se pusieron en camino y, siguiendo la estrella, llegaron a Jerusalén, donde fueron a ver al rey Herodes para que les informara del lugar en que estaba Jesús.

Los consejeros del rey les enviaron a Belén. Cuando llegaron, vieron a Jesús con María, su madre, y lo adoraron. También le regalaron oro, incienso y mirra. Estos regalos dan a entender que reconocieron a Jesús como rey, como Dios y como salvador.

4 El anciano Simeón (*Lc 2,25-33*)

Unos días después de nacer Jesús, María y José lo llevaron al templo de Jerusalén para, según la tradición judía, ofrecérselo a Dios.

En el templo se encontraron con un anciano, llamado Simeón, que, al verlos, tomó a Jesús en sus brazos y dio gracias a Dios porque había podido ver al Mesías, el salvador del mundo.

5 Huída a Egipto (*Mt 2,13-15*)

El rey Herodes temía que el recién nacido pudiera quitarle el trono y esperaba ansioso el regreso de los sabios para que le dijeran dónde podía encontrarlo.

Los sabios se enteraron de que Herodes tenía la intención de matar al niño y volvieron a su país por otro camino. Por su parte, María y José emigraron a Egipto con Jesús para protegerlo.

6 Regreso a Nazaret (*Lc 2,39-40*)

Cuando pasó el peligro, José y María regresaron con Jesús a Nazaret. Jesús crecía sano y fuerte, estaba lleno de sabiduría y gozaba del favor de Dios.

Jesús vivió en Nazaret hasta que cumplió unos treinta años.

Jesús es Dios con nosotros. Su venida al mundo llena de alegría a quienes confían en la paz y en el amor de Dios.

¿QUÉ HACEMOS LOS CRISTIANOS?

1 Después de haber leído los textos y observado las viñetas de las dos páginas anteriores, contesta a estas preguntas.

- ¿Por qué Jesús no nació en Nazaret, el pueblo de sus padres?
- ¿Por qué Jesús nació en un establo de Belén?
- ¿Cómo se enteraron los pastores de que había nacido Jesús?
- ¿Por qué los tres sabios regalaron a Jesús oro, incienso y mirra?
- ¿Cuál fue el motivo por el que José y María emigraron a Egipto?

2 Los relatos anteriores hablan de diversos personajes. Haz una lista de ellos, escoge a seis, y escribe lo que hicieron siguiendo este esquema.

Nacimiento e Infancia de Jesús

Personajes		Hechos que protagonizaron
	→	
	→	
	→	
	→	
	→	
	→	

- Consulta en tu Biblia los textos citados en las dos páginas anteriores, a continuación del título de cada relato, y completa los datos del esquema.

3 Observa el cuadro de al lado. ¿Sabrías decir qué escena representa?

4 Lee en tu Biblia este texto: ***Lc 2,25-33***.

- Escribe en tu cuaderno las palabras del anciano Simeón cuando tomó a Jesús en sus brazos y alabó a Dios.
- Subraya en las mismas palabras tres expresiones que dicen qué es Jesús.

Imagen parcial de un icono ruso sobre la infancia de Jesús.

Los cristianos creemos que Jesús es el Salvador del mundo y que su mensaje nos lleva por el camino del amor y de la paz.

Celebramos la Navidad

Jesús es el Hijo de Dios. Su venida al mundo nos trajo la paz, el amor y la salvación. Por eso celebramos su nacimiento con gran alegría.

Celebrar la Navidad es reconocer que Jesús es Dios con nosotros y que en él está la salvación. Así lo hacemos en la eucaristía de Nochebuena o del día de Navidad; en ella alabamos a Dios, le damos gracias y adoramos a Jesús como hicieron los pastores y los tres sabios de Oriente.

Celebrar la Navidad es compartir la alegría, la paz y el amor que Jesús ha compartido con nosotros. Así lo hacemos en la fiesta familiar y en actitudes de paz y generosidad, como ayudar a los necesitados.

El derroche, el consumo excesivo, el gasto descontrolado y la glotonería no son propios de la Navidad cristiana.

Cuadro del pintor VELÁZQUEZ titulado *Adoración de los magos*. Museo del Prado, Madrid.

5 Mira atentamente el cuadro y responde a las preguntas:

- ¿Quién es el personaje principal del cuadro? ¿Cómo lo sabes?
- ¿En qué postura están los sabios o magos de Oriente? ¿Por qué?
- ¿Recuerdas qué dan a entender los regalos que llevaron a Jesús?

6 Busca en el pasatiempo, en horizontal y en vertical, seis verbos que se aplican a las fiestas de Navidad.

- Construye con esos verbos dos frases que expresen en qué consiste celebrar la Navidad.

E	A	Y	U	D	A	R	B	A
A	N	S	F	S	L	Y	X	D
M	V	R	K	N	A	Q	L	O
A	C	E	L	E	B	R	A	R
R	Z	M	T	H	A	I	O	A
C	O	M	P	A	R	T	I	R

7 Numera por orden de importancia las siguientes maneras de celebrar la Navidad.

___ Recibir regalos.

___ La convivencia familiar.

___ Regalar algo mío a niños necesitados.

___ Asistir a misa el día de Navidad.

___ Acompañar a un amigo que está solo.

Navidad es fiesta de amor, de paz y de alegría porque celebramos el nacimiento de Jesús.

¿QUÉ HE APRENDIDO?

RESUMEN

- Jesús es Dios con nosotros. Su venida al mundo llena de alegría a quienes confían en el amor de Dios.
- Los cristianos celebramos el nacimiento de Jesús porque Jesús es el Hijo de Dios que ha traído al mundo la paz, el amor y la salvación.
- Celebrar la Navidad es reconocer en Jesús al Hijo de Dios hecho hombre y compartir la alegría, el amor y la paz.

1 El niño de la fotografía ha hecho unas figuras de papel con motivo de la Navidad.

- ¿Qué piensas que quiere expresar al hacerlas? ¿Para qué las habrá hecho?

2 Haz un dibujo con algunos personajes del evangelio relacionados con el nacimiento de Jesús. Coloréalo, escribe un mensaje con motivo de la Navidad y regálaselo a un amigo o amiga.

3 Busca en tu Biblia esta cita: ***Lc 2,11.14***. Copia las dos frases y escribe un breve comentario relacionándolas.

4 Contesta por escrito a las cuestiones planteadas al lado.

5 Haz una lista de cinco cosas que se pueden hacer para compartir el amor y la paz con motivo de la Navidad.

Es Navidad donde hay amor y alegría compartida.

La fiesta de Navidad
Qué se celebra
Por qué se celebra
Quiénes la celebran
Cómo se celebra

CANTAMOS

Llega la Navidad

Llega otra vez Navidad,
vuelve Jesús a buscar
en nuestros corazones un portal
donde cobijo encontrar,
sentir calor de hogar,
el corazón sencillo su cuna será.

1. Si a tu lado enciendes sonrisas,
si a quien llora consuelo le das,
es tu alma una estrella que brilla
y en tu corazón llega la Navidad.

2. Si a tu lado repartes caricias,
y si en ti se puede confiar,
es tu alma una estrella que brilla
y en tu corazón llega la Navidad.

Autoevaluación. UNIDAD **4**

EL ÁLBUM

Hacer regalos y recibirlos es una costumbre asociada a la celebración de acontecimientos familiares y sociales de importancia, como sucede con las fiestas de Navidad. Hay tradiciones muy antiguas y diversas, según los países, que se viven año tras año con mucha ilusión, en especial los niños.

Los evangelios no dicen que los Reyes Magos fueran reyes o magos. Pero así se les viene conociendo desde hace siglos. Su fiesta se celebra el 6 de enero. Y dado que ellos llevaron regalos a Jesús, es costumbre en diversos países de tradición cristiana que los niños, y también los mayores, reciban ese día regalos de los Reyes Magos.

En otros muchos países no son los Reyes Magos quienes llevan regalos, sino un personaje legendario que tiene su origen en el norte de Europa. Según los lugares se le llama *Papá Noel, Santa Claus o san Nicolás*. Se le representa como un viejo gordito bonachón, con largas barbas blancas y vestido de rojo. Según su leyenda, vive en el Polo Norte, viaja en trineo sobre la nieve, tirado por renos, y deja sus regalos en la noche de Navidad.

También hay lugares donde perduran antiguas costumbres relacionadas con personajes misteriosos encargados de llevar regalos a los niños. Algunas de estas tradiciones ya existían antes del cristianismo y se han añadido a la fiesta de Navidad. En el País Vasco, por ejemplo, se conserva la tradición del *Olentzero*, que representa a un carbonero que baja de la montaña con un saco lleno de regalos para los niños.

Como él nos ha amado

"Por el amor que os tengáis los unos a los otros reconocerán todos que sois discípulos míos."

Jn 13,35

5 El amor a Dios

Nuestros padres son las personas que más nos quieren. Nos han dado la vida, nos protegen y nos acompañan, y siempre están dispuestos a ayudarnos. Nosotros también les queremos a ellos, les agradecemos lo que hacen y colaboramos con ellos. Porque el amor se manifiesta en las obras.

LAS VIÑETAS

- Observa las viñetas y describe las escenas representadas.
  - ¿Qué hacen los padres y los hijos en cada escena? ¿Cómo se sienten?
  - ¿En qué viñetas los padres ayudan a los hijos y los hijos a los padres?
  - ¿Te ves a ti mismo en alguna de las escenas representadas?
- Fíjate en la siguiente lista de acciones. Piensa en ti y en tus padres y selecciona las tres que más sueles hacer con ellos.

  hablar • pedir • rogar • agradecer • protestar • colaborar
  celebrar • enfadarte • jugar • ver la tele • ayudar

  - Añade otras dos acciones que no estén en la lista anterior.
- Dibuja una escena en la que estés con tus padres haciendo alguna actividad que te encanta hacer con ellos.

EL TEMA

El amor con que nos aman los padres y con el que nosotros les amamos a ellos es la experiencia más natural y formidable que vivimos ahora. ¿Qué sería de nosotros sin ellos? El sentimiento más espontáneo es el de agradecérselo y corresponderles también con amor.
Jesús comparó la relación con Dios a la relación de respeto y amor que tenemos con nuestros padres. A Dios, como Padre y Madre a la vez, le debemos respeto, confianza y amor.

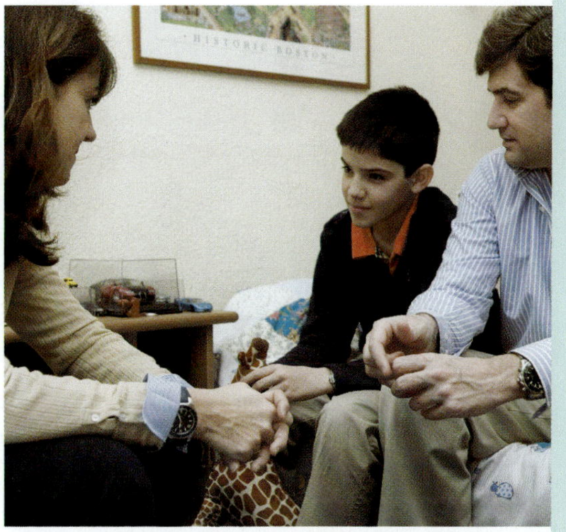

La confianza y el diálogo aseguran una buena relación con los padres.

- Jesús llamaba *Padre* a Dios. Decía: "mi Padre y vuestro Padre". ¿Recuerdas cómo era la relación de Jesús con Dios y qué importancia daba a esa relación?

LA PREGUNTA

Jesús nos habla de amar a Dios y confiar en él. ¿Cómo hacerlo?

¿Es posible amar a Dios, si no lo vemos? ¿Podemos relacionarnos con Dios?
¿Qué significa no tomar su nombre en vano?
¿Qué es santificar las fiestas?

Vamos a fijarnos en el ejemplo de Jesús y a relacionarlo con los tres primeros mandamientos de la ley de Dios.

¿QUÉ HIZO JESÚS?

Jesús vivió con sus padres en Nazaret hasta que cumplió unos treinta años. Los evangelios dicen muy poco de esos años. Solo el evangelio de Lucas cuenta un hecho que sucedió cuando Jesús cumplió doce años.

En las fiestas de Pascua *(Lc 2,41-52)*

1 En tiempos de Jesús existía la costumbre de ir a Jerusalén durante las fiestas de Pascua.

Jesús fue con sus padres por primera vez cuando cumplió doce años.

1 Resume el relato en tu cuaderno completando este esquema:

¿Dónde fue Jesús?	¿Con quiénes fue?	¿Para qué fue?	¿Dónde se quedó?	¿Qué hizo?	¿Cuál fue su explicación?

2 Busca el mismo relato en tu Biblia *(Lc 2,41-52)*, lee en él la explicación que Jesús dio a sus padres y contesta.

- ¿Cuál es la relación de Jesús con Dios? ¿Cómo lo llama?
- ¿Cómo se siente Jesús con Dios?
- ¿Qué cosas imaginas que Jesús diría de Dios a los maestros y sacerdotes del templo?

3 Copia debajo del esquema que has hecho la frase siguiente:

Dios era lo primero y lo más importante en la vida de Jesús.

El mandamiento más importante

Jesús amaba a Dios por encima de todo, hablaba de Dios con respeto y cariño, y celebraba las fiestas para honrar a Dios.

Cuando, ya de mayor, Jesús anunciaba el reino de Dios, decía: "Dios es vuestro Padre y vosotros sois sus hijos". Por eso enseñó a sus discípulos a llamar *Padre* a Dios y a relacionarse con él con la confianza y cariño propios de un hijo que ama a sus padres.

Y cuando le preguntaron cuál era el mandamiento más importante de la ley de Dios, dijo:

> "Amarás al Señor, tu Dios, con todo tu corazón y con toda tu mente... y amarás al prójimo como a ti mismo".
>
> *Mt 22,37-39*

M. CHAGALL: *Moisés recibe de Dios los diez mandamientos*.
Jesús los cumplió y enseñó a cumplirlos.

1 Lee el texto de arriba y di el motivo fundamental por el que debemos amar a Dios.

- Resuelve el *salto de caballo* y comprueba si coincide con el motivo que has expresado.

DIOS	JAS	JOS	TROS	NUES
DRE	SO	ES	E	SU
HI	HI	Y	TRO	SO
NO	PA	MOS	**YOS.**	

2 ¿Recuerdas los diez mandamientos? Intenta decirlos de memoria. Después cópialos escribiendo en rojo los tres primeros y en azul los restantes.

3 Lee en tu Biblia este texto:

Mt 22,34-40

- ¿Por qué quien ama a Dios y al prójimo cumple los diez mandamientos? Razona tu respuesta siguiendo el enunciado de los mismos.

Los diez mandamientos

1. Amarás a Dios sobre todas las cosas.
2. No tomarás el nombre de Dios en vano.
3. Santificarás las fiestas.
4. Honrarás a tu padre y a tu madre.
5. No matarás.
6. No cometerás actos impuros.
7. No robarás.
8. No darás falso testimonio ni mentirás.
9. No consentirás pensamientos ni deseos impuros.
10. No codiciarás los bienes ajenos.

Los diez mandamientos de la ley de Dios se resumen en dos: "Amarás a Dios sobre todas las cosas y al prójimo como a ti mismo".

Amar a Dios sobre todas las cosas

Para Jesús Dios era lo más importante en la vida:

- Llamaba a Dios *Abba*, que significa "papaíto", y lo trataba con confianza.
- Hablaba de Dios con el respeto y cariño con que un hijo habla de sus padres.
- Rezaba a diario para hablar con Dios y estar con él.
- Deseaba hacer siempre la voluntad de Dios.
- Alababa a Dios en la oración, le pedía fortaleza y le daba gracias.

Jesús enseñó a amar a Dios de la misma manera, a confiar en él y a hablar con él en la oración. Y para rezar, enseñó el padrenuestro.

EL GRECO. *Oración de Jesús en el Huerto de los Olivos.* Iglesia de Santa María, Andújar (Jaén).

4 Lee el texto de arriba y di cómo manifestaba Jesús su amor a Dios y cómo pueden manifestar los cristianos el mismo amor a Dios. Escríbelo en tu cuaderno en un esquema parecido al siguiente:

El amor de Jesús a Dios:		El amor del cristiano a Dios:
Llamaba Padre a Dios	→	
Hablaba de Dios con cariño y respeto	→	
Rezaba a diario y enseñó a rezar	→	
Hacía la voluntad de Dios en todo	→	
Alababa a Dios y le daba gracias	→	

5 Busca en tu Biblia los textos citados a continuación. Léelos y resume lo que dice Jesús continuando cada frase en tu cuaderno.

Mt 6,9	→	*Vosotros orad así: … .*
Mt 6,24	→	*No podéis servir a … .*
Mt 6,33	→	*Buscad ante todo el … .*

- Relaciona estas palabras de Jesús con el 1.° y 2.° mandamientos.

6 Busca el padrenuestro en ***Mateo 6,9-13*** y comenta lo que da a entender sobre nuestra relación con Dios.

Santificar las fiestas

Jesús celebraba las fiestas, en especial el sábado, según las normas de la religión judía. Ese día era costumbre ir a la sinagoga para escuchar la Palabra de Dios y hacer la oración comunitaria. Además, estaba prohibido hacer cualquier trabajo.

El día de fiesta para los cristianos es el domingo por ser el día de la semana en que resucitó Jesús. Y se llama *domingo* porque esta palabra significa "día del Señor" o día dedicado a Dios.

El tercer mandamiento dice: "santificarás las fiestas". Lo cual significa, según la fe cristiana, dedicar el domingo y otros días de fiesta a alabar y dar gracias a Dios mediante la celebración de la eucaristía, el descanso, la atención a la familia y a la ayuda a los demás.

Los cristianos van los domingos a la iglesia para celebrar la eucaristía.

1 ¿Sabrías decir en qué fotografías de esta página se respeta lo que manda hacer el tercer mandamiento? Razona tu respuesta.

2 Lee el texto de arriba y completa en tu cuaderno este texto.

- *Santificar las fiestas significa:*
  dedicar el …… y otros días de fiesta a …… y …… a Dios mediante la …… de la ……, el ……, la atención a la …… y la …… a los demás.

La eucaristía del domingo

El acto religioso más importante de las fiestas cristianas es la celebración de la eucaristía.

- Porque en ella nos reunimos en torno a Jesús y nos unimos a su alabanza y acción de gracias a Dios Padre.
- Porque en ella nos unimos a toda la Iglesia en oración.
- Porque en ella escuchamos la Palabra de Dios y recibimos el cuerpo y la sangre de Jesús.

Participar todos los domingos y fiestas señaladas en la eucaristía es una norma de la Iglesia que los cristianos deben cumplir para santificar las fiestas.

En la eucaristía alabamos y damos gracias a Dios unidos a Jesús.

3 Responde por escrito en tu cuaderno a estas dos preguntas:

- ¿Por qué es importante participar en la eucaristía para santificar las fiestas?
- ¿Qué relación hay entre santificar las fiestas y el amor a Dios?

- Contrasta tus respuestas con las de tus compañeros y compañeras.

4 Elige la respuesta correcta:

- *La fiesta semanal de los cristianos es el domingo:*
  a) Porque es el día en que no se trabaja ni hay colegio.
  b) Porque Jesús mandó a sus discípulos que fuera ese día.
  c) Porque Jesús resucitó un domingo.

5 Los domingos nos gustan porque no hay que madrugar ni ir al colegio y tenemos tiempo libre para jugar y disfrutar.

- Haz dos listas: en una escribe las cosas que sueles hacer un domingo y, en la otra, las cosas que no sueles hacer.
- Explica por qué haces unas y no haces otras.

Jesús enseña a amar a Dios como hijos suyos y a relacionarnos con él mediante la oración, el respeto a su nombre y la celebración cristiana de las fiestas.

¿QUÉ HE APRENDIDO?

RESUMEN

- Dios fue lo primero y lo más importante en la vida de Jesús.
- Jesús enseña que Dios es nuestro Padre y nos quiere. También enseña a amar a Dios como hijos suyos y a relacionarnos con él con cariño y confianza.
- Los diez mandamientos de la ley de Dios se resumen en dos: "Amarás a Dios sobre todas las cosas y al prójimo como a ti mismo".
- Amar a Dios es hacer su voluntad, respetar su nombre y relacionarse con él mediante la oración y la celebración cristiana de las fiestas, en especial participando los domingos en la eucaristía.

1 Observa la fotografía e identifica lo que están haciendo esos niños. ¿Tiene relación con el amor a Dios?

2 Localiza en el pasatiempo, leyendo cada línea de izquierda a derecha, nueve verbos que sugieren cómo era la relación de Jesús con Dios.

MSCONFIARZVBAEIHABLARDUOTNAMAR
CGHFRESPETARLVNEISLREZARGHLNPS
TXOALBNESCUCHARHJKBCDALABARUX
YCFKLOAAGRADECERSRRNUPEDIRMGF

- Escribe esos verbos en tu cuaderno y explica en qué sentido se aplica cada uno de ellos a la relación del cristiano con Dios.

3 Los diez mandamientos se resumen en dos. Completa la frase.

__m__r__s __ D__ __s s__br__ t__d__s l__s c__s__s
y __m__r__s __l pr__j__m__ c__m__ __ t__ m__sm__.

4 Escribe por qué la eucaristía es, para todos los cristianos, la celebración más importante del domingo.

CANTAMOS

Sobre todas las cosas

Sobre todas las cosas, sobre todas las cosas, sobre todas las cosas amamos a Dios, amamos a Dios.

1. Decimos su nombre con respeto, pues todos sabemos que nos ama, es digno de gloria y alabanza. Dios es amor. Dios es amor.
2. Creemos que Dios es nuestro Padre, nos cuida, nos quiere y nos enseña, nos busca y siempre nos desea felicidad, felicidad.

Autoevaluación. UNIDAD 5

EL ÁLBUM

La oración ocupa un lugar importantísimo en todas las religiones, tanto en común como en privado. Es un medio apropiado para relacionarse con Dios de tú a tú, como un hijo con su padre.

Los judíos acostumbran a rezar, al menos dos veces al día, la siguiente oración:

Escucha, Israel, el Señor es nuestro Dios,
el Señor es uno.

Estas palabras resumen la fe de los judíos en Dios. En ellas reconocen y proclaman que Dios es único; no hay otro.

En Israel es costumbre que los judíos vayan a rezar al llamado "muro de las lamentaciones". El muro es una muralla que ha quedado de lo que fue el templo de Jerusalén, destruido en el siglo I.

Los cristianos rezan con frecuencia a ejemplo de Jesús. La oración por excelencia es el padrenuestro y, tanto al comenzar como al terminar la oración o una obra buena, se hace la señal de la cruz diciendo:

En el nombre del Padre,
y del Hijo, y del Espíritu Santo.

Estas palabras proclaman la fe en la Santísima Trinidad: un solo Dios en tres Personas.

Orar se puede hacer en cualquier tiempo y lugar. El lugar más favorable es la iglesia, ante el sagrario, donde Jesús está presente bajo las especies de pan.

Los musulmanes rezan cinco veces al día. Normalmente recitan textos del Corán. La expresión más importante y que pronuncian con mucha frecuencia a lo largo del día es:

No hay más Dios que Alá
y Mahoma es su profeta.

En esta oración expresan su fe en el Dios único, a quien llaman Alá, según el mensaje de Mahoma.

Los musulmanes rezan mirando en dirección a La Meca, ciudad santa del Islam, alternando diversas posturas: de pie, inclinados, postrados y con la frente en el suelo.

6. El amor al prójimo

Prójimo es lo mismo que próximo o cercano.
Lo cual se refiere tanto al que está cerca como al que es semejante, es decir, a todo ser humano. Prójimo equivale, pues, a "los demás", y se aplica a cualquier persona por el hecho de serlo.

Paola y Berto

LAS VIÑETAS

- Presta mucha atención a las viñetas. Identifica a Paola y a Berto, observa cada viñeta en su orden e intenta describir lo que sucede.
  - ¿Qué le pasa a Paola y a quién pide ayuda? ¿Qué hace Berto?
  - ¿Qué le pasa a Berto y a quién pide ayuda? ¿Qué hace?
  - Comenta tu opinión sobre la actitud de Berto y del resto de compañeros.
- Las viñetas terminan con una pregunta que Paola se hace a sí misma. ¿Qué piensas que debería hacer? Dibújalo en tu cuaderno, en forma de viñeta, completando así la historia descrita.
- ¿Te ha pasado a ti algo parecido a lo que le pasó a Paola? Piensa en ello y comenta cómo fue, dónde y cuándo. ¿Qué hizo la otra persona? ¿Cómo te sentiste?

EL TEMA

Hay muchas personas que se preocupan por los demás y desean hacerles la vida agradable. También hay personas a las que no les importa nada los demás. ¿Qué es lo mejor?

Jesús no solo habló de amar a Dios, sino también de amar al prójimo. Ambos amores van unidos y en ellos se resumen los diez mandamientos. En la unidad anterior vimos los tres primeros; ahora veremos los siete restantes, referidos al amor al prójimo sin distinción.

- ¿Has oído hablar de lo importante que es ser solidarios? ¿Qué quiere decir esto? ¿Tiene algo que ver con el amor al prójimo?

El amor al prójimo nos hace ser sinceros y solidarios en nuestra relación con todos.

LA PREGUNTA

Jesús nos ha enseñado a amar a nuestro prójimo. Nos preguntamos:

¿Qué significa amar al prójimo como a sí mismo? ¿A quiénes y cómo hemos de amar? ¿Es lo mismo amar al prójimo que ser solidarios?

Vamos a ver en qué consiste amar al prójimo, tal como enseña Jesús, y cuál es su relación con los mandamientos cuarto al décimo.

¿QUÉ DIJO JESÚS?

En tiempos de Jesús, la gente conocía el mandato de amar al prójimo, pero pensaba que solo debían amar a quienes eran judíos o de su religión. Un día preguntaron a Jesús: "¿Quién es mi prójimo?" y Jesús contó la siguiente parábola.

El buen samaritano *(Lc 10,30-35)*

1 Identifica a los personajes de la parábola y completa en tu cuaderno este esquema.

Personajes	Lo que hicieron
Los bandidos	
El viajero	
El sacerdote	
El empleado del templo	
El samaritano	

2 Comenta la actuación de cada personaje. ¿Quiénes actuaron mal y quiénes bien? ¿Qué razones tendrían unos y otros para actuar como lo hicieron?

3 Quienes escuchaban a Jesús cuando contó esta parábola eran judíos. Lee el vocabulario y piensa: ¿Por qué Jesús les pondría como ejemplo de amor al prójimo a un samaritano?

Samaritano: natural de Samaria, una región al norte de Jerusalén cuyos habitantes eran despreciados por los judíos y considerados extranjeros.

¿QUÉ HACEMOS LOS CRISTIANOS?

Ser solidarios es amar al prójimo *(Lc 10,36-37)*

1 Estas viñetas describen lo que dijo Jesús cuando acabó de contar la parábola del buen samaritano. ¿Cómo entiendes las palabras de Jesús? ¿A qué comprometen?

2 Jesús contó esta parábola para responder a una pregunta. Busca esta pregunta en ***Lc 10,29***, escríbela en tu cuaderno y añade la respuesta que aparece en la viñeta de arriba.

3 El buen samaritano no se planteó si el herido era un familiar, un amigo o un conocido. Le bastó que fuera una persona. Según esto, ¿a quiénes dice Jesús que debemos amar?

- Ordena las palabras y escribe la frase con letras grandes y coloreadas.

Todo • humano • prójimo. • es • ser • mi

4 Lee el vocabulario y comenta si amar al prójimo tiene relación con ser solidario.

- ¿Fueron solidarias las personas que pasaron de largo según la parábola de Jesús? ¿Por qué?
- Relaciona lo que significa ser solidario con lo que hizo el buen samaritano.

Ser solidario: apoyar y ayudar a alguien que vive un problema, tiene una necesidad o pasa por una situación difícil.

5 Observa las fotografías y describe cada escena representada.

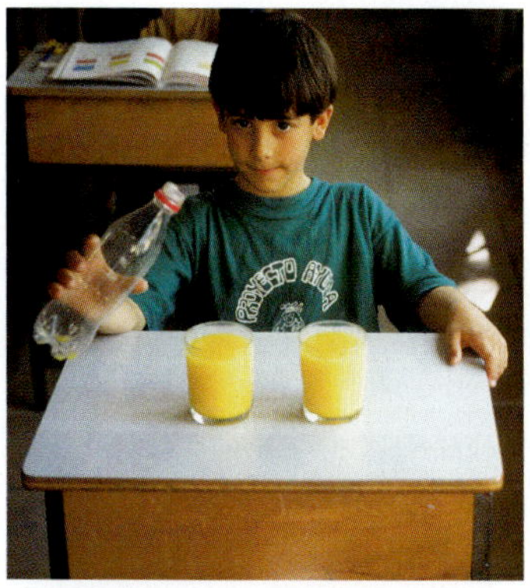

- Comenta en qué escenas sería posible ser solidarios y cómo serlo.
- Escoge una fotografía, describe la escena y explica cómo actuarías en ella de forma solidaria.

6 Coloca en orden las sílabas y descubre cuatro verbos relacionados con el amor al prójimo.

CERPADECOM • SOLIZARSERIDA • PARCOMTIR • ADARYU

7 Comenta las siguientes palabras de Jesús, escríbelas en tu cuaderno y haz una pancarta con una de ellas.

"Tratad a los demás como queráis que ellos os traten a vosotros."

Mt 7,12

"Lo que hagáis a los demás, conmigo lo hacéis."

Mt 25,40

Amar al prójimo es tratar bien a los demás y ser solidario con ellos.

Cumplir los mandamientos es amar al prójimo

Jesús amó a los demás y enseñó a hacer lo mismo. Dijo: "Amarás a tu prójimo como a ti mismo".
Todos queremos que nos traten bien, sin hacernos daño, con respeto y con cariño, y que nos ayuden cuando lo necesitamos.
El amor se manifiesta con obras, y no solo de palabra. Por eso, quien ama al prójimo es solidario y pone todo su empeño en cumplir los mandamientos de la ley de Dios.
Los mandamientos 4.° al 10.° hablan de honrar a los padres, de no hacer daño a nadie, de respetar el propio cuerpo y el de los demás, de no quitar a otros lo que es suyo y de decir siempre la verdad.

Jesús enseña a seguir el camino del amor al prójimo para vivir como hijos de Dios y hermanos.

1 Repasa los mandamientos 4.° a 10.° de la ley de Dios (página 50) y relaciona cada uno con su tema correspondiente.

Mandamientos	
4.° ■	■ Respetar la vida y no causar daño a nadie.
5.° ■	■ Respetar el propio cuerpo y el de los demás.
6.° y 9.° ■	■ Honrar y obedecer a los padres.
7.° y 10.° ■	■ Ser sinceros y decir siempre la verdad.
8.° ■	■ Respetar lo que es de los demás y no ser avariciosos.

2 Identifica las siguientes palabras con las vocales que correspondan y relaciona lo que significan con el 4.° mandamiento.

	M		R					
R		S	P		T		R	
	B		D		C		R	
C		L		B		R		R

Los profesores y profesoras colaboran con los padres para nuestro bien; por eso debemos respetarlos.

- Observa la fotografía y lee el texto que la acompaña. ¿Cómo ha de ser nuestra relación con los profesores? ¿Por qué?

3 El 5.° mandamiento protege la vida, pues es don de Dios. Nadie tiene derecho a quitar la vida a otros, ni a realizar acciones violentas o hacer daño a alguien.

- Observa la fotografía de al lado. ¿Qué opinas de lo que sucede en ella?
- Las siguientes acciones no son buenas. Busca las acciones contrarias y escríbelas en tu cuaderno.

	Lo contrario es	
insultar		
pelearse		
guardar rencor		
saltarse las normas de tráfico		

Los actos de violencia como insultar o pelearse, son lo contrario al respeto hacia toda persona.

4 Resuelve los siguientes casos aplicando los mandamientos 7.° y 8.°.

1.° Sara le ha prestado una película a Yago. Pasado un mes, Sara echa de menos su película, pero no recuerda a quién se la prestó. Yago asegura que se la devolvió y aprovecha el olvido de Sara para quedarse con la película.

2.° Julio ha localizado el disco de sus sueños. Pero no tiene dinero para comprarlo. Mira a un lado y a otro. No le ve nadie y se lo guarda. Si le pillan, mala suerte. Si no le pillan... ¡sueño cumplido! Total, por un disco...

3.° Mario dijo a sus padres que ya había hecho los deberes y le dieron permiso para ir al cine. Al día siguiente la profesora le pide los deberes y Mario le dice que no los tiene hechos porque tuvo que ir con sus abuelos.

5 Fíjate otra vez en las fotografías de las dos páginas y piensa: ¿Cómo sería la relación entre las personas si nadie cumpliera los mandamientos? ¿Y si todo el mundo los cumpliera?

Los mandamientos de la ley de Dios señalan el camino para amar al prójimo y tener buenas relaciones con todos.

¿QUÉ HE APRENDIDO?

RESUMEN

- Los mandamientos de la ley de Dios se resumen en "amar a Dios sobre todas las cosas y al prójimo como a ti mismo".
- Jesús enseña que amar al prójimo es ser solidario con todo aquel que necesita ayuda, y tratar a los demás como nos gusta que nos traten a nosotros.
- Quien ama al prójimo es solidario y pone su empeño en cumplir los mandamientos.
- Los mandamientos de la ley de Dios señalan el camino para amar a Dios y al prójimo.

1 Explica lo que deben hacer los niños de la fotografía y lo que deben evitar para seguir siendo amigos.

2 ¿Recuerdas la historia de Paola y Berto, al comienzo de la unidad? ¿Qué aconsejarías a Paola? Razona tu respuesta.

3 Escribe una redacción relacionando el siguiente refrán con la parábola del buen samaritano.

- *Haz el bien y no mires a quién.*

Jesús nos enseña a ser solidarios y a llevarnos bien con todos, incluso con los pequeños.

4 Explica cómo podrías ser solidario en estos casos.

1. Dos compañeros tuyos se han enfado y han dejado de hablarse.
2. Ha llegado a clase una niña nueva y no conoce a nadie.
3. Tu hermano está muy caprichoso y te está creando problemas.
4. Has hecho una trastada y a nadie le extrañaría si echas la culpa a otro.
5. Dudas entre ir al cine con tus amigos o visitar a un compañero enfermo.

5 Dibuja un cómic de una historia inventada por ti en la que sucedan hechos parecidos a los que contó Jesús en la parábola del buen samaritano.

CANTAMOS

Nadie tiene mayor amor

Nadie tiene mayor amor,
nadie tiene mayor amor
que quien entrega la vida
por quien ama.

1. Aquel que hace las cosas
no solo pensando en sí mismo:
ese ha entendido lo que es amar,
lo que es amar.

2. Aquel que piensa en el otro
tratándole como un amigo:
ese ha entendido lo que es amar,
lo que es amar.

3. Aquel que está preocupado
pensando en aquellos que sufren:
ese ha entendido lo que es amar,
lo que es amar.

Autoevaluación. UNIDAD **6**

EL ÁLBUM

Chusco, un perro callejero

BEGOÑA IBARROLA. Ilustraciones: E. URBERUAGA.
Ediciones SM

Chusco era un perro muy mayor. Vivía en un callejón.
Una noche de invierno Chusco temblaba de frío. No tenía fuerzas ni para buscar comida.

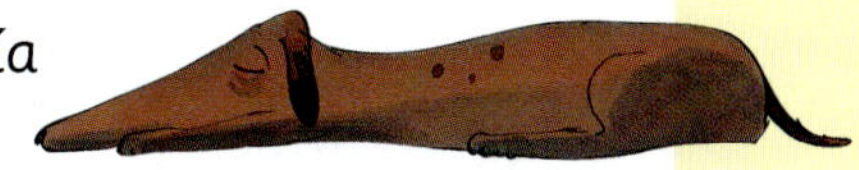

Cuando era joven jugaba con sus amigos y los ayudaba cuando lo necesitaban.
Chusco también tenía una ilusión: ser el perro de alguien y vivir en una casa.

Un día fue a verle su amigo Pirata. Chusco le contó que cada día veía menos y que no tenía fuerzas para salir a buscar comida.
–No te preocupes –le dijo Pirata. Voy a buscar algo para ti.

Por el camino se encontró con el gato Michino y Pirata le contó lo que le pasaba a Chusco.
–Pobre Chusco –dijo Michino–, buscaré algo que le dé calor.

Por el camino, Michino se encontró al ratón Chitón.
–Yo también ayudaré a Chusco –dijo Chitón.

Pirata llegó a un restaurante, buscó en el cubo de la basura y encontró comida. El dueño del restaurante lo vio y decidió seguirle para saber a quién le llevaba la comida.

Michino llegó a un contenedor donde había restos de telas que tiraba la dueña de una tienda, y encontró un trozo de manta. La dueña quiso saber a quién se lo llevaba y decidió seguirle.

Chitón llegó a su casa y buscó el trozo de queso que había en la trampa de ratones. Consiguió el queso y salió corriendo. La dueña de la casa lo vio y decidió seguirle.

Pirata fue el primero en llegar al callejón.
Tras él llegaron Michino y Chitón.
Los tres amigos contemplaban a Chusco mientras comía; Michino lo tapó con la manta.

Ellos no sabían que tres personas observaban emocionadas.
Se acercaron y el dueño del restaurante le dijo a Chusco:
–Ven a buscar comida cuando quieras.
La dueña de la tienda de telas le dijo:
–Yo te haré una manta grande para que no pases frío.
Y la dueña de la casa donde vivía Chitón, le dijo:
–Yo estoy sola. Puedo llevarte a vivir conmigo.

Así fue como Chusco cumplió su mayor deseo.
Desde entonces sus amigos le visitan cada día y él les cuenta las aventuras que vivió en su juventud.

Adaptación SM-PPC.

7 Perdonar y ser perdonados

Con frecuencia vivimos situaciones en las que debemos escoger entre pedir perdón o encerrarnos en nosotros mismos, entre perdonar o guardar rencor, entre hacer las paces o seguir enfadados… El siguiente caso podría ser una de esas situaciones.

Las cartas de Juan

LAS VIÑETAS

- Observa la historieta y comenta qué sucede y dónde:
  - Identifica a Juan y a los compañeros que intervienen en la historieta.
  - Señala cuál es el problema de Juan y cuál el de sus compañeros.
  - ¿Qué es lo primero que hizo Juan? ¿Podría haber preguntado de otra manera sin echar las culpas a los demás?
- La situación creada podría plantear un conflicto entre compañeros.
  - ¿Quién tuvo la culpa: Juan, la niña que tenía las cartas, los dos o nadie?
  - ¿Qué tendría que hacer Juan, a tu manera de ver?
  - ¿Debería hacer algo la niña que tenía las cartas, además de devolverlas?
  - ¿Y los demás compañeros?
- ¿Te ha pasado a ti algún hecho parecido al de las viñetas? Cuenta cómo fue, en qué consistió el conflicto y cómo se solucionó.

EL TEMA

¿Quién no ha tenido alguna vez un conflicto con los amigos, con un hermano e, incluso, con los padres? Unas veces porque no queremos ceder; otras, porque nos sienta mal disgustar a alguien y no nos atrevemos a dar el paso para remediarlo. También hay veces en que ofendemos a alguien y pensamos que teníamos motivos para ello.
Jesús perdonó siempre y a todos, incluso a los que le llevaron a la cruz, y nos enseñó a pedir perdón y a perdonar. El perdón es fruto del amor. Quien ama, perdona y, si es el caso, pide perdón.

- En el padrenuestro hay una petición de perdón. ¿A quién se lo pedimos y por qué? ¿Se pone alguna condición?

El perdón nos devolverá la paz, la alegría y la amistad.

LA PREGUNTA

Perdonar y pedir perdón cuesta, a veces, mucho. Nos preguntamos:

¿Por qué debemos perdonar al que nos fastidia? ¿Y si vuelve a hacerlo?
¿Es muy importante el sacramento de la reconciliación o de la penitencia?

En esta unidad hablaremos de cómo Jesús perdonó y enseñó a perdonar y de cómo se celebra el sacramento de la reconciliación en la Iglesia.

¿QUÉ HIZO JESÚS?

En tiempos de Jesús, los llamados *publicanos* eran los encargados de recaudar los impuestos para los romanos. Con frecuencia cobraban más de la cuenta y se quedaban con el dinero. La gente los consideraba tramposos.

Jesús y Zaqueo *(Lc 19,1-10)*

1 Comenta lo que más te haya llamado la atención del relato y contesta.

- ¿A qué se debía la mala fama de Zaqueo entre la gente del pueblo?
- ¿Por qué la gente criticó a Jesús cuando fue a casa de Zaqueo?
- ¿A qué se debió el cambio tan repentino de Zaqueo?
- ¿Jesús hizo bien en ir a casa de Zaqueo o no?

2 Lee el mismo relato en el evangelio (***Lc 19,1-10***) y busca en él la explicación de por qué Jesús fue a casa de Zaqueo.

- Resume las actitudes de las siguientes personas según el relato:

Zaqueo • La gente del pueblo • Jesús

3 Lee el texto del recuadro y contesta.

- ¿De qué se arrepintió Zaqueo? ¿Tiene esto relación con algún mandamiento?
- ¿Qué hizo Zaqueo para reparar el daño que había causado?

Arrepentirse: sentir una gran pena por haber hecho algo malo o haber dejado de hacer algo bueno; además, tener el propósito de no volver a hacer lo mismo.

4 Completa en tu cuaderno la siguiente frase:

J_s_s h_ tr_ _d_ _l p_rd_n d_ D_ _s y s_ s_lv_c_ _n.

D_ _s p_rd_n_ s_ _mpr_ y _ t_d_s.

¿QUÉ HACEMOS LOS CRISTIANOS?

Jesús enseña a perdonar

Jesús nos enseña a perdonar a todos y siempre, porque eso es lo que hace Dios: siempre perdona.

Los que escuchaban a Jesús no veían bien que perdonara a los pecadores, como a Zaqueo y a otros muchos. Tampoco entendían que hubiera que perdonar a todos, incluso a los enemigos, o que estuviera mal tomarse la revancha.

A veces cuesta entenderlo. Pero, si Dios perdona, también nosotros debemos perdonar, como rezamos en el padrenuestro. El perdón es, además, una exigencia del amor al prójimo.

1 Observa la viñeta, fíjate en la pregunta y en la respuesta, y calcula las veces que, según Jesús, hay que perdonar.

- Relaciona las palabras de Jesús con el texto del recuadro de al lado. ¿Qué quiere decir Jesús con esa cifra que has calculado?
- Lee el texto de arriba, busca dos motivos para perdonar y escríbelos en tu cuaderno.

En tiempos de Jesús, se daba un valor simbólico a algunos números. El 7 era el número perfecto. Por eso Pedro pensó que bastaba con perdonar siete veces.

La respuesta de Jesús es, pues, simbólica. Las veces que debemos perdonar no son 490 (70x7), sino siempre. ¿Por qué? Porque Dios lo perdona todo, a todos y siempre. Y Jesús enseña a hacer lo mismo.

2 La escena reflejada en la viñeta se encuentra en ***Mt 18,21-22***. Busca el texto en la Biblia y lee la parábola que Jesús contó a continuación.

- ¿A quién representa el rey de la parábola?
- ¿A quiénes representa el siervo del rey? ¿Y el compañero de este siervo?

3 Lee el significado de perdonar y señala las palabras que tengan relación con perdonar.

reconciliar • *envidiar* • *hacer las paces*
comprender • *guardar rencor* • *disculpar*

Perdonar: olvidar el daño que alguien ha hecho, hacer las paces con él y volver a ser amigos.

Jesús enseña a perdonar siempre y a todos, porque eso es lo que hace Dios.

La fiesta del perdón

En el sacramento de la reconciliación:

1. Reconocemos nuestros pecados ante Dios y ante la Iglesia.
2. Manifestamos nuestro arrepentimiento ante Dios y le pedimos perdón.
3. Confesamos los pecados al sacerdote porque es el servidor del perdón de Dios.
4. Recibimos el perdón de Dios cuando el sacerdote nos absuelve diciendo: "Yo te absuelvo de tus pecados en el nombre del Padre, y del Hijo, y del Espíritu Santo."
5. Nos comprometemos a vivir como Jesús enseñó y a reparar el daño causado. Para simbolizar este compromiso, el sacerdote nos pide hacer una acción buena o una oración llamada *penitencia*.

El sacramento de la reconciliación es una fiesta porque en él celebramos y recibimos el perdón de Dios por medio de la Iglesia.

El sacramento de la reconciliación, también llamado de la penitencia o del perdón, nos reconcilia con Dios y con la comunidad cristiana.

4 Lee el texto de arriba y comenta cómo se celebra el sacramento de la reconciliación.

- Explica el significado e importancia de las siguientes palabras.

  reconocimiento • *arrepentimiento* • *confesión* • *absolución* • *penitencia*

5 Jesús confió a los apóstoles y a sus sucesores el poder de perdonar los pecados en nombre de Dios.

- Lee en ***Jn 20,19-23*** el relato en el que Jesús dice a los apóstoles las palabras que tienes al lado.
  - ¿A quiénes dio Jesús el poder de perdonar los pecados?
  - ¿Por qué recibimos el perdón de Dios por medio de la Iglesia?

> *A quienes perdonéis los pecados,*
> *Dios se los perdonará;*
> *y a quienes se los retengáis,*
> *Dios se los retendrá.* *(Jn 20,23)*

6 Escribe en tu cuaderno las palabras de Jesús que están en el bocadillo.

Dios nos perdona, por medio de la Iglesia, en el sacramento de la reconciliación.

¿QUÉ HE APRENDIDO?

RESUMEN

- El perdón es fruto del amor. Quien ama, perdona y, cuando es el caso, pide perdón.
- Jesús ha traído el perdón de Dios y su salvación. Dios perdona siempre y a todos.
- Jesús nos enseña a pedir perdón y a perdonar porque eso es lo que hace Dios.
- Jesús concedió a la Iglesia el poder de perdonar los pecados en nombre de Dios.
- Dios nos perdona, por medio de la Iglesia, en el sacramento de la reconciliación.
- El perdón nos devuelve la alegría, la amistad y la paz con Dios y con los demás.

1 Imagina que Juan, el niño de las viñetas de la página 66, desea recuperar la alegría. Escríbele una nota aconsejándole lo que podría hacer para conseguirlo.

2 Explica lo que hacía Zaqueo antes de su encuentro con Jesús y lo que hizo después. ¿A qué se debió el cambio?

3 Continúa en tu cuaderno las siguientes frases:

- *El perdón es muy importante porque … .*
- *Jesús ha traído al mundo el … .*
- *Dios perdona siempre y a … .*
- *Jesús nos enseña a perdonar porque … .*
- *Jesús dio poder a la Iglesia para … .*
- *Recibimos el perdón de Dios en el … .*

Es mejor hacer las paces que guardar rencor. El perdón nos devuelve la alegría y la amistad.

4 Resuelve el salto de caballo y escribe la frase en tu cuaderno.

PER	A	FEN		NO	QUE	TRAS
SAS	DO	SO	LOS	O	FEN	BIÉN
TROS	DO	MOS	MO		NUES	NOS
NA	CO	PER	NA	O	TAM	**DEN.**

5 Lee ***Lc 23,33-34*** en tu Biblia. ¿A quiénes perdonó Jesús? ¿En qué momento?

CANTAMOS

Yo quiero perdonarte

1. Yo quiero perdonarte sin mentiras,
quiero pedir perdón de corazón,
porque el perdón devuelve la alegría,
y al perdonar te acercas más a Dios.

Porque quien ama
sabe perdonar a los demás.
Porque quien ama
siempre encuentra paz por donde va.

2. Un hijo se marchó a otras tierras,
la herencia que le dieron malgastó,
su padre le esperaba cada día,
lloró de gozo cuando regresó.

EL ÁLBUM

Rembrandt es el nombre de un célebre pintor holandés del siglo XVII. Pintó muchos cuadros sobre relatos del evangelio y otras escenas de la Biblia. Sus obras están en los más grandes museos del mundo.

Gran parte de la obra de Rembrandt se refiere a personajes bíblicos. En sus cuadros se aprecia el arte del pintor para transmitir sentimientos humanos. Así sucede en el cuadro de al lado, que representa a Jesús. Su rostro expresa bondad y transmite serenidad y ternura.

El siguiente cuadro se titula *El regreso del hijo pródigo*. El pintor representa la escena más importante de la parábola del hijo pródigo narrada en el evangelio de san Lucas (*15,11-32*).

El abrazo del padre al hijo es la parte más importante de la escena. Por eso es la más iluminada.

El rostro del padre es dulce y amable; sus manos y el manto rojo expresan ternura y amor.

La parábola cuenta la siguiente historia:

Un joven obligó a su padre a darle todo el dinero que pudiera y se marchó de casa. El padre, con todo el dolor de su corazón, vio cómo su hijo lo abandonaba.

El joven llegó a un país lejano y, en poco tiempo, se gastó en fiestas todo el dinero. Se puso a buscar trabajo y solo le ofrecieron cuidar cerdos. Pero pasaba tanta hambre, que todos los días se acordaba de su padre y de lo bien que estaba con él. Así que decidió regresar con la esperanza de que su padre lo perdonara y lo acogiera, al menos, como a un criado.

Se puso en camino y, cuando su padre lo vio, salió corriendo a recibirlo. Sin más palabras, lo abrazó, lo llenó de besos y organizó una gran fiesta para celebrar el regreso de su hijo.

Jesús contó la parábola del hijo pródigo para destacar que el perdón y el amor de Dios no tienen límites ni condiciones.

8 "Como yo os he amado"

Una persona solidaria no es solo la que comparte algunas cosas que tiene. En la unidad 6 hemos visto que solidario es, ante todo, quien se compadece y realiza acciones generosas en favor de los demás. ¿Qué será ser solidario en los siguientes casos?

El cine

En el autobús

En clase

LAS VIÑETAS

- El signo de interrogación plantea en cada tira de viñetas quién necesita ayuda y cómo ofrecerla. Describe y comenta cada escena.
  - *Primera tira de viñetas*: ¿Dónde están los niños? ¿Qué se disponen a hacer? ¿Qué le pasa a uno de ellos? ¿Qué necesita?
  - *Segunda tira de viñetas*: ¿Quiénes viajan en el autobús? ¿Qué llama la atención de los niños y por qué? ¿Qué necesita la señora?
  - *Tercera tira de viñetas*: ¿Dónde están los niños? ¿Por qué se queda solo uno de ellos? ¿Cuál es su problema? ¿Qué necesita?
- Escoge una de las escenas representadas y dibuja en tu cuaderno una viñeta que sustituya a la que tiene el signo de interrogación.
- ¿Recuerdas alguna situación en la que tú hayas necesitado la ayuda de otra persona? Comenta cuál fue el problema, quién te ayudó y por qué lo hizo.

EL TEMA

Ayudar a los demás cuando lo necesitan es cumplir el mensaje cristiano de amar al prójimo. Esto nos obliga a veces, como sugieren las viñetas, a renunciar a algo o a cambiar de plan para atender al amigo o amiga que necesita ayuda.

El mensaje de Jesús sobre el amor a Dios y al prójimo consiste en cumplir los mandamientos y en ser solidarios con todos. Este amor no tiene límites. "Amaos como yo os he amado", dijo Jesús *(Jn 13,34)*. Y su amor llegó hasta el punto de dar su vida en la cruz por nuestra salvación.

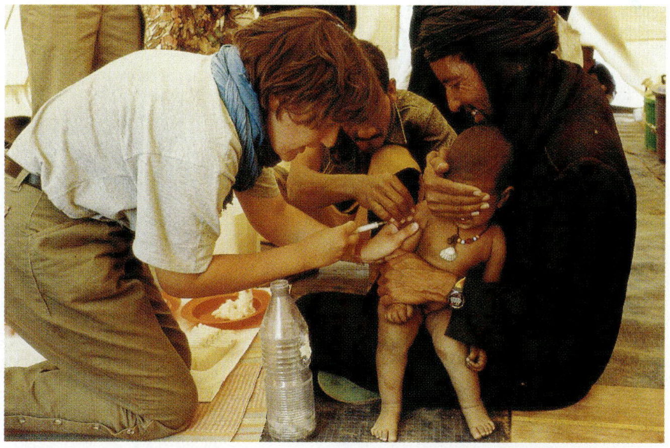

Muchas personas dedican su vida o parte de su tiempo a ayudar a los más desprotegidos.

- ¿Recuerdas la parábola del buen samaritano? Piensa que Jesús es el samaritano: ¿Qué hubiera hecho en los casos propuestos en las viñetas de la página anterior?

LA PREGUNTA

La muerte de Jesús en la cruz es la mayor prueba de amor. Nos preguntamos:

¿Qué nos enseñan los relatos de la pasión y muerte de Jesús?
¿Qué importancia tiene creer en la resurrección de Jesús?
¿Por qué sabemos que hay otra vida después de la muerte?

Vamos a recordar cómo y cuánto nos ha amado Jesús y a saber por qué los cristianos tenemos la esperanza de vivir en el cielo para siempre.

¿QUÉ HIZO JESÚS?

Jesús llevó su mensaje de amor y perdón hasta las últimas consecuencias.
Su solidaridad con la humanidad le llevó a pasar por la muerte como todo ser humano.
Pero de su muerte surgió la nueva vida que no tiene fin.

Escenas de la pasión y muerte de Jesús

1 El mandamiento nuevo (*Jn 13,33-35*)

Jesús se reunió con sus discípulos para despedirse y celebrar la cena de Pascua. En ella les pidió que estuvieran siempre unidos y al servicio de los demás, y añadió:

–*Os doy un mandamiento nuevo: Amaos los unos a los otros como yo os he amado. En esto reconocerán todos que sois discípulos míos.*

2 La eucaristía (*Mt 26,26-30*)

En la misma cena, Jesús tomó pan en sus manos, pronunció la bendición, lo partió y se lo dio a sus discípulos diciendo:

–*Tomad y comed: esto es mi cuerpo.*

Luego tomó una copa de vino y, después de dar gracias, se la dio diciendo:

–*Bebed todos de ella, porque esta es mi sangre que se derrama por todos para el perdón de los pecados.*

3 Oración de Jesús (*Mt 26,36-47*)

Después de cenar, Jesús y los apóstoles salieron hacia el monte de los Olivos. Una vez allí, Jesús se retiró a un lugar apartado para rezar a solas. Decía:

–Padre mío, si es posible, líbrame de estos momentos tan amargos; pero no se haga como yo quiero, sino como quieres tú.

Poco después llegó Judas Iscariote con un tropel de gente, armada con espadas y palos, y apresaron a Jesús.

4 Ante los jefes religiosos (*Mt 26,57-68*)

Los jefes religiosos se reunieron para juzgar a Jesús. Le preguntaron:

–En nombre de Dios, dinos si tú eres el Mesías, el Hijo de Dios.

Jesús respondió:

–Tú lo has dicho: lo soy.

Entonces acusaron a Jesús de mentiroso y de hacerse pasar por Dios. Decidieron que debía morir y lo llevaron ante Pilato, el gobernador romano, para que firmara la sentencia de muerte.

5 Jesús ante Pilato (*Mt 27,11-26*)

Pilato sabía que Jesús era inocente e intentó librarlo a cambio de un asesino llamado Barrabás. Pero los jefes religiosos pusieron a la gente contra Jesús, y gritaban:

–¡Crucifícalo, crucifícalo!

Pilato tuvo miedo a una revuelta que le hiciera perder su cargo de gobernador y condenó a Jesús a morir en la cruz. Luego se lavó las manos diciendo:

–No me hago responsable de esta muerte.

6 Jesús muere en la cruz (*Lc 23,33-49*)

Jesús cargó con la cruz hasta el monte Calvario, donde fue crucificado junto a dos malhechores. Desde la cruz perdonó a quienes lo habían llevado a la muerte.

–*Padre, perdónalos, porque no saben lo que hacen.*

Jesús murió hacia las tres de la tarde de un viernes, víspera de la Pascua judía. Unos amigos suyos bajaron su cuerpo de la cruz y lo pusieron en un sepulcro nuevo.

**Jesús murió en la cruz y al tercer día resucitó.
La muerte y resurrección de Jesús manifiesta
el mayor amor que es posible tener.**

El amor es más fuerte que la muerte

Jesús es el modelo de amor más perfecto y sublime. Su pasión y muerte manifiestan el mayor amor que es posible tener. Él había dicho a sus discípulos:

> "Os doy un mandamiento nuevo: Amaos los unos a los otros. Como yo os he amado, así también amaos los unos a los otros. Por el amor que os tengáis los unos a los otros reconocerán todos que sois discípulos míos."
>
> *Jn 13,34-35*

El amor es más fuerte que la muerte. La resurrección de Jesús es la señal de que eso es así. Porque Jesús, con su muerte y resurrección, ha destruido el poder del pecado y de la muerte, nos ha reconciliado con Dios y ha salvado a toda la humanidad.

SALVADOR DALÍ pintó este cuadro en el que resalta la presencia de Jesús sobre el mundo. Lo tituló *Cristo de san Juan de la Cruz*, ya que se inspiró en los escritos de este santo castellano.

1 En el texto anterior están citadas unas palabras de Jesús. Búscalas en tu Biblia y comenta cuándo las dijo Jesús y a quiénes. Después contesta.

- ¿Qué dice Jesús que da a sus discípulos?
- ¿Cómo deben amarse unos a otros?
- ¿Hay alguna diferencia entre amar *como a ti mismo* y amar *como Jesús nos ha amado*?

2 Completa la frase ordenando las sílabas y escríbela en tu cuaderno.

La señal • a Dios • como Jesús • cristianos • y amarse

es amar • nos ha • de los • unos a otros • amado.

3 Lee este texto: ***Jn 20,24-29*** y contesta a estas preguntas.

- ¿De qué trata el relato? ¿Cuándo y cómo sucedió el hecho relatado?
- ¿Qué condición puso Tomás para creer que Jesús había resucitado?
- ¿A quiénes llama Jesús "dichosos"?

La muerte y resurrección de Jesús nos mueve a creer en él y a seguir su ejemplo de amor a Dios y a los demás.

Viviremos para siempre

Los cristianos creemos que Jesús ha resucitado. El triunfo de Jesús sobre la muerte también lo es nuestro: es el triunfo de toda la humanidad. Esto supone creer también que la muerte no es el final de la vida. Jesús dijo:

> "Yo soy la resurrección y la vida. El que crea en mí, aunque haya muerto, vivirá." *(Jn 11,25)*

> "Confiad en Dios y confiad en mí. En la casa de mi Padre hay lugar para todos; ahora voy a prepararos ese lugar." *(Jn 14,1-2)*

La resurrección de Jesús nos da la seguridad de que sus palabras son ciertas. Por tanto, también nosotros viviremos con Jesús para siempre en el cielo.

Mosaico que representa a Jesús resucitado. Realizado por el artista esloveno MARCO IVAN RUPNIK en la capilla Mater Redemptoris del Vaticano.

4 Lee el texto de arriba y fíjate bien en las palabras de Jesús. Después escribe en tu cuaderno la respuesta a estas preguntas:

- ¿Qué asegura Jesús a quien cree en él?
- ¿En quién debemos confiar los cristianos?
- ¿Dónde hay un lugar para todos?

5 Jesús llama "casa de mi Padre" al cielo. Lee su significado y completa con vocales la frase siguiente:

L__s cr__st__ __n__s t__n__m__s
l__ __sp__r__nz__
d__ v__v__r f__l__c__s c__n D__ __s
__n __l c__ __l__.

Cielo: es la morada de Dios. Consiste en vivir con Dios, después de la muerte, felices y para siempre.

6 Lee el siguiente texto en tu Biblia: ***Mt 25,31-40***. Haz un resumen del relato, escríbelo en tu cuaderno y comenta a qué se refiere Jesús cuando dice: "conmigo lo hicisteis".

La muerte no es el final de la vida. Igual que Jesús resucitó, también nosotros resucitaremos y viviremos con él en el cielo.

¿QUÉ HE APRENDIDO?

RESUMEN

- La muerte y resurrección de Jesús manifiesta el mayor amor que es posible tener.
- Jesús dio a sus discípulos un mandamiento nuevo: "Amaos como yo os he amado".
- La muerte y resurrección de Jesús nos mueve a creer en él y a seguir su ejemplo de amor a Dios y a los demás.
- Igual que Jesús resucitó, también nosotros resucitaremos y viviremos con él en el cielo.

1 Observa la fotografía. ¿Tiene alguna relación lo que hacen esas personas con lo que Jesús llamó "un mandamiento nuevo"? Explica tu respuesta.

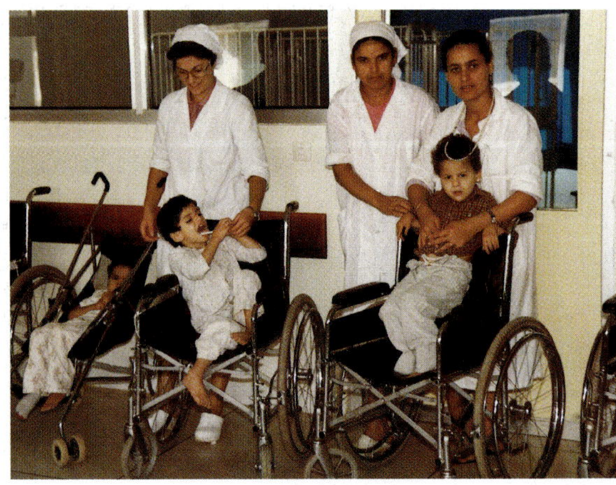

Muchos cristianos y cristianas dedican su vida a amar a los demás como Jesús nos ha amado.

2 Escribe en tu cuaderno, debajo de cada verbo, lo que enseña la muerte y resurrección de Jesús sobre ello.

CREER	AMAR	VIVIR

3 Resuelve el pasatiempo escribiendo las palabras de arriba abajo.

1. Jesús dijo; "Tomad y comed, esto es mi ...".
2. Instituyó la eucaristía en la última ... .
3. Jesús dijo a los jefes religiosos que era el ... .
4. Jesús murió en una ... .
5. Viviremos para siempre con Jesús en el ... .
6. Jesús es el Hijo de ... .
7. El apóstol que dudó de la resurrección de Jesús se llamaba ... .
8. La muerte de Jesús fue un acto de ... .

CANTAMOS

Vive

Vive,
con nosotros vive para siempre.
Vive Jesús con nosotros.
Vive Jesús con nosotros.

1. El caminará a nuestro lado,
sentiremos siempre su presencia,
su espíritu entre nosotros,
nuestro amigo cumple sus promesas.

2. Al morir no todo se termina,
con Jesús la muerte está vencida,
para el que cree en sus palabras,
después de la muerte está la vida.

Autoevaluación. UNIDAD **8**

EL ÁLBUM

Algunas cadenas de televisión suelen poner en Semana Santa películas sobre la vida de Jesús o de los primeros cristianos. Aunque algunas no siguen fielmente el evangelio, nos emocionan y nos hacen sentir la cercanía de Jesús. Los siguientes títulos son algunos ejemplos.

Fotograma de *El evangelio según san Mateo*. Representa a Jesús con hombres del campo.

Rey de Reyes (1961), de N. RAY, presenta la figura de Jesús como el Mesías esperado. Aunque es americana, fue rodada en España.

El evangelio según San Mateo (1964), de P.P. PASOLINI, destaca el mensaje de Jesús sobre el reino de Dios.

La Historia más grande jamás contada (1965), de G. STEVENS, es una película de gran belleza.

Jesucristo Superstar (1973), de N. JEWISON, es una película que obtuvo mucho éxito. Se trata de un musical a ritmo de rock que presenta los últimos momentos de la vida de Jesús, a quien muestra atractivo y juvenil.

Fotograma de *Jesucristo Superstar*. Representa la entrada de Jesús en Jerusalén.

Fotograma de *Ben-Hur*. Representa a Pedro casando a Marco Vinicio y Lydia.

El Mesías (1975), dirigida para televisión por R. ROSSELLINI, presenta a Jesús como maestro de vida y portador de un mensaje alentador.

Jesús de Nazaret, (1977), de F. ZEFFIRELLI, es una película muy atractiva que recorre todos los hechos de la vida de Jesús.

Fotograma de *Jesús de Nazaret*. Jesús habla con el apóstol Pedro.

Otras películas, como *Quo Vadis?* (1951), de M. LEROY, *La túnica sagrada* (1953), de H. KOSTER, *Ben-Hur* (1959), de W. WYLER, ganadora de 11 óscares, y *Barrabás* (1962), de R. FLEISCHER, no presentan la vida de Jesús, pero su figura y su mensaje tienen un papel predominante en la trama.

Reunidos en su nombre

“Donde están dos o más
reunidos en mi nombre,
allí estoy yo
en medio de ellos.”

Mt 18,20

9 La Iglesia de Jesús

Las personas pertenecemos a diversos grupos: la familia, la clase, los amigos, los vecinos, el equipo deportivo, la comunidad cristiana... Las siguientes fotografías representan algunas actividades que se realizan en una comunidad cristiana como la parroquia.

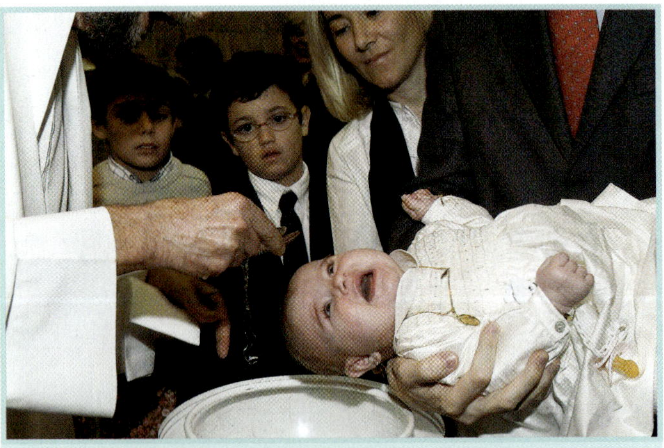

El bautismo es el sacramento por el que se pertenece a la Iglesia.

Muchos jóvenes cristianos participan en grupos de oración y de reflexión.

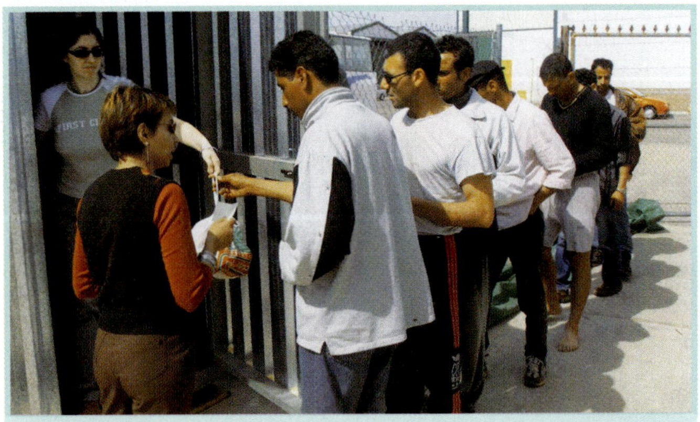

Asociaciones como *Cáritas* y *Manos Unidas* ayudan a los más necesitados.

La eucaristía es la celebración más importante de la Iglesia.

La Iglesia acoge a los emigrantes y los ayuda en su integración social.

La catequesis prepara para la primera comunión y ayuda a vivir la fe cristiana.

LAS FOTOGRAFÍAS

- Observa las fotografías e identifica las actividades representadas. Después pon a prueba tus conocimientos e intenta completar el pasatiempo.

1. Dirige la Iglesia universal.
2. Lo son el bautismo, la eucaristía y cinco más.
3. Suele haber uno, al menos, al frente de una parroquia.
4. Celebración más importante de la Iglesia.
5. En las parroquias hay grupos de eso.
6. Van a ella quienes se preparan para la primera comunión.
7. Es necesario recibirlo para pertenecer a la Iglesia.
8. La parroquia lo es.
9. Asociación que ayuda a los necesitados.

					1	P						
	2	S				A						S
	3			C		R				E		
	4					R						
					5	O			C			N
	6					Q						
			7			U						
8	C		M			I			D			
				9	C	A					S	

- Comprueba qué palabras del pasatiempo están representadas en las fotografías.

EL TEMA

La Iglesia es como una gran familia formada por todos los bautizados y dirigida por el Papa y los obispos. La parroquia es como una pequeña familia dentro de esta gran familia.
En otras palabras, la parroquia es la comunidad cristiana formada por todos los cristianos y cristianas de una misma localidad o de un mismo barrio, dirigida por un sacerdote. La parroquia representa la presencia de la Iglesia en nuestro entorno. En ella se hace y se vive lo que se hace y se vive en toda la Iglesia.

- ¿Conoces tu parroquia? Comenta tus impresiones sobre lo que se hace en ella.

La parroquia también es el templo donde la comunidad cristiana se reúne y celebra su fe.

LA PREGUNTA

La comunidad que Jesús formó con sus discípulos es la Iglesia.

¿Cómo empezó la Iglesia? ¿Cuál es su relación con Jesús? ¿Por qué la Iglesia es el cuerpo de Cristo? ¿Qué es el sacramento de la confirmación?

Para buscar las respuestas vamos a fijarnos en los comienzos de la Iglesia y a relacionarlos con la Iglesia actual.

¿QUÉ HIZO JESÚS?

Cuando Jesús comenzó a ir de pueblo en pueblo para anunciar la buena noticia del reino de Dios, lo primero que hizo fue elegir a los doce apóstoles.
Este fue el primer paso para formar la comunidad cristiana que es la Iglesia.

Jesús y los apóstoles

1 Los apóstoles respondieron a la llamada de Jesús y se fueron con él. Lo acompañaban a todas partes y compartían lo que tenían.

2 Jesús trataba a los apóstoles como amigos y les hablaba del reino de Dios. Puso a Pedro al frente del grupo y le encargó dirigir la Iglesia.

3 Los apóstoles vieron resucitado a Jesús y estuvieron con él en varias ocasiones hasta que subió al cielo. Jesús les aseguró que siempre estaría con ellos.

1 Observa y lee atentamente las viñetas. Contesta.

- ¿Quién eligió a los apóstoles y para qué?
- ¿A quién de los doce encargó Jesús una tarea especial? ¿Qué tarea era?
- ¿Qué mandó Jesús a los apóstoles?
- ¿A quién recibieron los apóstoles el día de Pentecostés?

2 Fíjate en las viñetas 4 y 5.

- Haz una lista de las acciones que hacían los primeros cristianos.
- Copia en tu cuaderno las palabras de Jesús en las que asegura su presencia hasta el fin del mundo.

Jesús fundó la Iglesia cuando formó el grupo de los doce apóstoles y estos recibieron el Espíritu Santo.

Hechos de los apóstoles

Después de recibir el Espíritu Santo, los apóstoles emprendieron la tarea de anunciar el evangelio y comunicar la salvación de Jesús. Lo que hicieron está escrito en los *Hechos de los apóstoles*.

Los *Hechos de los apóstoles* es un libro de la Biblia que está a continuación de los evangelios. Habla de los comienzos de la Iglesia y de lo que hicieron los apóstoles y los primeros cristianos. Presenta a la Iglesia como una comunidad unida a Jesús y animada por el Espíritu Santo.

El autor del libro fue san Lucas, el mismo que escribió el tercer evangelio. Su abreviatura es *Hch* y se maneja igual que los evangelios.

Pintura que representa a san Pedro ayudando a los necesitados.

1 Localiza en tu Biblia el libro de los *Hechos de los apóstoles*.

- Hojea el libro fijándote en los títulos de los capítulos 1 a 10. ¿Te recuerdan estos títulos alguna historia que ya sabías? Coméntala.

2 Vuelve a las viñetas 4 y 5 de la página anterior y completa estas frases:

- Los apóstoles daban testimonio de … .
- Invitaban a la gente a … .
- Los bautizados formaban parte de … .
- Se reunían en las casas para … .
- Eran como una familia porque … .

3 Busca esta cita en tu Biblia: ***Hch 2,42-47***. Lee el texto y comenta el sentido de las siguientes palabras. ¿A qué se refieren?

enseñanza de los apóstoles (catequesis) • unión fraterna
fracción del pan (eucaristía) • oración • compartir

- Comprueba si estas acciones coinciden con las que has escrito en el ejercicio 2.

El libro de los *Hechos de los apóstoles* narra los comienzos de la Iglesia.

4 ¿Recuerdas las acciones que se realizan hoy día en una parroquia? Revisa las fotografías de la página 84 y relaciona esas acciones con las que hacían los primeros cristianos. ¿Qué coincidencias encuentras entre unas y otras?

5 La presencia de Jesús en la comunidad cristiana, por medio del Espíritu Santo, es lo que da sentido y valor a esa comunidad.

- Jesús aseguró a sus discípulos que siempre estaría con ellos. Observa la viñeta y fíjate bien en las palabras de Jesús.

- Ten en cuenta las acciones que realiza la comunidad cristiana y comenta en qué casos, a tu manera de ver, sucede lo que dice Jesús.

6 Lee el significado de *iglesia* y completa las frases con las siguientes palabras.

comunidad • Papa • bautizados
Espíritu • catequesis • eucaristía
Jesús • Palabra • orar • comparte

Iglesia: significa *asamblea* o *reunión*. La Iglesia es la comunidad de los cristianos reunida por el Espíritu Santo en torno a Jesús, y dirigida por el Papa y los obispos, que son sucesores de los apóstoles.

La Iglesia
- Es una .... reunida por el .... Santo en torno a ....
- Está formada por todos los .... y dirigida por el ....
- Se reúne para celebrar la .... y .... en común.
- Escucha la .... de Dios y la estudia en la ....
- Acoge a todos y .... sus bienes con los necesitados.

Los cristianos y cristianas formamos una comunidad, que es la Iglesia, unida por el Espíritu Santo en torno a Jesús.

La Iglesia es el cuerpo de Cristo

La Iglesia está presente en todos los rincones del mundo. A ella pertenecen por igual hombres y mujeres de todas las naciones y culturas, de todas las etnias y condiciones sociales, de todas las lenguas y edades.

Todo el mundo tiene cabida en la Iglesia. Porque todos los cristianos y cristianas estamos unidos a Jesús en la Iglesia por la misma fe, el mismo bautismo y el mismo amor.

El apóstol san Pablo, en una de sus cartas, explica esta unidad en la diversidad a imagen de un cuerpo, que es la Iglesia, del que Jesús es la cabeza.

Todos hemos recibido el mismo Espíritu en el bautismo a fin de formar un solo cuerpo.

1 Lee el texto de arriba y contesta:

- ¿Pertenecen por igual a la Iglesia los niños y los mayores? ¿Qué tienen en común como cristianos? ¿Qué es lo que les une?

2 El apóstol san Pablo escribió varias cartas que se encuentran en el NuevoTestamento. En una de ellas dice así:

1. Todos hemos recibido el mismo Espíritu en el bautismo; por eso formamos un solo cuerpo.
2. El cuerpo no está formado de un solo miembro, sino de muchos. Y aunque tiene muchos miembros, el cuerpo es uno solo.
3. El ojo no puede decir a la mano: no te necesito. Tampoco la cabeza puede decir a los pies: no os necesito.
4. Vosotros formáis el cuerpo de Cristo y cada uno es un miembro de él.

Primera carta a los Corintios 12,12-27

- Comenta las frases de san Pablo y completa en tu cuaderno las siguientes:
  - La Iglesia es el ....
  - Cada cristiano y cristiana es un .... de ese cuerpo.
  - Porque todos hemos recibido el mismo .... en el ....

Todos los cristianos están unidos a Jesús y entre sí como los miembros de un mismo cuerpo, que es la Iglesia, del que Jesús es la cabeza.

El sacramento de la confirmación

La confirmación es el sacramento que fortalece y hace crecer la fe recibida en el bautismo. Para confirmarse es preciso estar bautizado y decidirlo libre y conscientemente. Solo se recibe una vez en la vida.

El sacramento de la confirmación lo administra el obispo mediante la imposición de manos y la unción con aceite bendecido. El gesto de imponer las manos se hace para transmitir un don, una bendición o un encargo; en este caso el obispo transmite el don del Espíritu Santo.

El que se confirma recibe la fuerza del Espíritu Santo para ser testigo de Jesús, vivir como buen cristiano y comprometerse en trabajar por un mundo mejor.

El obispo unta con aceite bendecido la frente del que se confirma mientras dice: "Recibe por esta señal el don del Espíritu Santo".

3 Los sacramentos son como el alimento de ese cuerpo que es la Iglesia. En ellos la Iglesia comunica y celebra la salvación de Dios. ¿Recuerdas cuáles son? Observa su relación con hechos importantes de la vida y cópialos en tu cuaderno.

Bautismo →	Nacimiento
Confirmación →	Crecimiento
Eucaristía →	Alimento
Penitencia →	Perdón
Unción de enfermos →	Enfermedad grave
Orden sacerdotal →	Servicio
Matrimonio →	Familia

4 Lee la información sobre el sacramento de la confirmación y contesta.

- ¿Qué hace el sacramento de la confirmación en el que lo recibe?
- ¿Quién administra este sacramento? ¿Cómo lo administra?
- ¿Quién lo puede recibir y qué compromisos adquiere el que se confirma?

La confirmación es el sacramento mediante el cual los bautizados reciben el don del Espíritu Santo y se comprometen a ser testigos de Jesús.

¿QUÉ HE APRENDIDO?

RESUMEN

- Jesús fundó la Iglesia cuando formó el grupo de los doce apóstoles y estos recibieron el Espíritu Santo.
- El libro de los *Hechos de los apóstoles* narra los comienzos de la Iglesia como comunidad unida a Jesús por el Espíritu Santo y dirigida por los apóstoles.
- Todos los cristianos, unidos a Jesús y entre sí por la fe y el bautismo, son miembros de un mismo cuerpo, que es la Iglesia, del que Jesús es la cabeza.
- La confirmación fortalece la fe de los cristianos para ser testigos de Jesús.

1 Escribe en dos columnas las acciones que se realizan en una parroquia y las que hacían los primeros cristianos. Compara unas y otras.

Cientos de miles de cristianos, unidos por la fe y el bautismo, acudieron a Valencia con ocasión de la visita del Papa BENEDICTO XVI, en julio de 2006.

2 Indica las respuestas correctas y explica por qué.

- *Los miembros de la Iglesia están unidos por:*
  - *a) La fe y el bautismo*
  - *b) La misma nacionalidad*
  - *c) La relación con los sacerdotes*
  - *d) El amor fraterno*

3 Completa el pasatiempo.

1. Por él se pertenece a la Iglesia.
2. Quien se confirma se compromete a serlo de Jesús.
3. Escribió el libro cuya abreviatura es *Hch*.
4. Todos los miembros de la Iglesia forman uno del que Jesús es la cabeza.
5. Está cuando nos reunimos en su nombre.
6. Es Santo y anima la vida de la Iglesia.
7. Es el sucesor de san Pedro en la Iglesia.

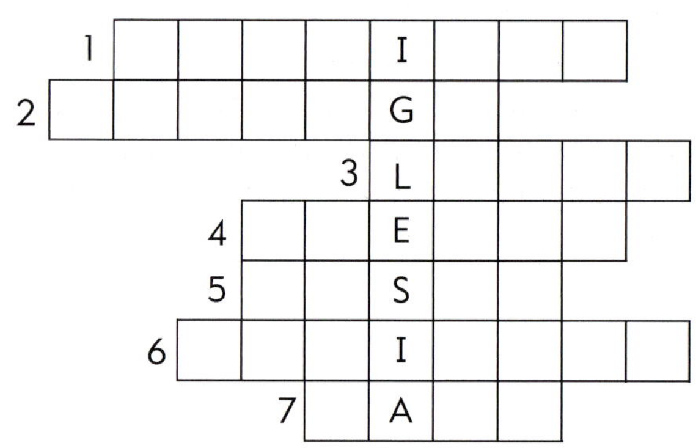

CANTAMOS

¡Qué bonito escuchar las palabras!

¡Qué bonito escuchar las palabras!,
las palabras que nos dice Jesús:
yo estoy con vosotros siempre,
os invito a ser sal y luz.

1. Amaos los unos a los otros,
nuevamente os digo que os améis;
este es mi mensaje, es mi tesoro,
quien me siga sabe qué hay que hacer.

2. Yo soy el camino, soy la vida,
yo soy la verdad, no hay que temer.
Si quieres tener la vida eterna,
no lo dudes, ven y sígueme.

Autoevaluación. UNIDAD **9**

EL ÁLBUM

Todos los bautizados y bautizadas son, por igual, miembros de la Iglesia y poseen la misma dignidad. Ahora bien, así como en el cuerpo humano cada miembro tiene una función, igual sucede en la Iglesia.

Los laicos

Son la inmensa mayoría de los cristianos. Son hombres y mujeres, ancianos y niños, solteros y casados que, mediante el trabajo, el estudio y la vida familiar tratan de lograr un mundo mejor. Participan en la eucaristía, en la catequesis, atienden a los necesitados y colaboran en las diversas actividades de la Iglesia.

Los sacerdotes

Son cristianos varones a quienes la Iglesia, por el sacramento del orden, les encomienda la misión de predicar la Palabra de Dios, presidir la eucaristía y los demás sacramentos, y animar a los cristianos a vivir como hijos de Dios y hermanos. Los sacerdotes no están casados; de esta manera imitan a Jesús, que no se casó, y pueden dedicar todo su tiempo al servicio de la comunidad cristiana.

Los religiosos y religiosas

Los religiosos y religiosas son hombres y mujeres que lo dejan todo para seguir a Jesús con total libertad. Suelen vivir en comunidad, comparten lo que tienen y viven pobremente. Se dedican a la oración y, según los casos, a la enseñanza, a las misiones, a cuidar enfermos o ancianos y a ayudar a los más desfavorecidos de la sociedad.

10 La eucaristía, fiesta de lo

En toda ciudad, pueblo o barrio se celebran fiestas que llamamos patronales. Son fiestas a lo grande. En ellas procuramos disfrutar con la familia y con los amigos. Por eso se organizan comidas familiares, se ponen atracciones y se realizan actividades que favorecen la convivencia y la alegría.

Iglesia

LA ILUSTRACIÓN

- Observa la ilustración y descríbela con detalle.
  - ¿Qué elementos identificas en ella?
  - ¿Qué están haciendo las diversas personas representadas?
  - ¿Qué es lo que te hace suponer que están en fiestas?
- Compara la ilustración con la idea que tú tienes de las fiestas de tu localidad.
  - ¿Hay alguna coincidencia entre ambas?
  - ¿Qué echas de menos en esta ilustración?
- Haz una lista de las actividades que se suelen realizar en tu localidad con motivo de las fiestas. Escríbelas en tu cuaderno siguiendo este esquema:

Familiares	Populares	Religiosas	Con amigos

EL TEMA

La fiesta es una de las manifestaciones más importantes de la vida humana. Las personas necesitamos celebrar la vida y agradecer el mismo hecho de vivir, el amor, la amistad, la solidaridad y todo lo que nos hace convivir felices y en paz.

Para los cristianos la fiesta es, además, una manifestación de alabanza a Dios y de agradecimiento por todo lo que nos ha dado y nos sigue dando. Y la mejor manera de alabar a Dios y darle gracias es la eucaristía. Esta es la celebración más importante de la Iglesia.

- La eucaristía se celebra en la Iglesia desde sus comienzos. ¿Recuerdas dónde la celebraban los primeros cristianos? ¿Cuándo y cómo la instituyó Jesús? ¿Qué nos dejó en ella?

Procesión marinera con la imagen de la Virgen del Carmen, patrona de los hombres y mujeres del mar.

LA PREGUNTA

La eucaristía es la fiesta de la Iglesia; es una fiesta con Jesús. Nos preguntamos:

¿Por qué es tan importante la eucaristía? ¿Qué celebramos en ella? ¿Cómo se celebra? ¿A qué compromete?

Vamos a buscar las respuestas en el evangelio y en la vida de los cristianos.

¿QUÉ HIZO JESÚS?

Muchos de los amigos de Jesús se quedaron sorprendidos y decepcionados cuando lo vieron morir en la cruz. No se lo esperaban, a pesar de que el propio Jesús se lo había anunciado. Entre ellos, los dos del siguiente relato.

Los dos discípulos de Emaús *(Lc 24,13-35)*

1 Los dos discípulos de Jesús volvían a Emaús decepcionados. ¿Por qué? Escoge dos de las siguientes respuestas que te parezcan válidas.

a) Porque pensaban que Jesús no era el Mesías que esperaban.
b) Porque sentían que Jesús había fracasado.
c) Porque no creían que Jesús fuera a resucitar como había dicho.
d) Porque era absurdo que unas mujeres hubieran visto resucitado a Jesús.

2 ¿Qué gesto hizo el viajero para que los dos discípulos reconocieran a Jesús?

- Relaciona ese gesto de Jesús con lo que hizo en la última cena según la cita que tienes al lado.

Mc 14,22-24

3 Ordena las palabras correctamente y escribe la frase en tu cuaderno.

- *Jesús en eucaristía la cena instituyó la última.*

Los discípulos de Jesús lo reconocieron al bendecir y repartir el pan. Este gesto es el que hizo Jesús en la última cena al instituir la eucaristía.

La cena del Señor o eucaristía

La eucaristía fue instituida por Jesús en la última cena que tuvo con los apóstoles, la víspera de su muerte, para celebrar la fiesta de Pascua.

La eucaristía es la oración de alabanza y de acción de gracias que la Iglesia dirige a Dios por medio de Jesús, realmente presente bajo las especies de pan y de vino.

El pan se convierte en el cuerpo de Jesús y el vino en su sangre. Por eso la eucaristía es la celebración de la muerte y resurrección de Jesús.

La última cena, de GIOTTO (Italia). La última cena es una de las escenas más representadas en la historia de la pintura.

1 Lee y comenta el significado de la palabra *eucaristía* y de los otros nombres que recibe.

- Piensa: ¿A qué se deben los nombres de "cena del Señor" y "fracción del pan"?
- Lee el texto de arriba y busca en él por qué la misa es *eucaristía*.

Eucaristía: La palabra eucaristía significa *acción de gracias*. Los primeros cristianos la llamaban fracción del pan o cena del Señor.

También se llama *misa*, palabra que significa *enviar*, ya que en ella la Iglesia nos envía a compartir con todos el pan y el amor de Jesús celebrado en la eucaristía.

2 Resuelve el salto de caballo y comprueba si la frase está citada en este texto: ***Lc* 22,19**.

- Según esta frase, ¿por qué la Iglesia celebra la eucaristía? ¿Qué manda Jesús hacer?

HA	TO	MO	**A.**
RIA		CED	EN
ES	ME	MÍ	

3 Completa en tu cuaderno estas frases:

- *Eucaristía significa* ....
- *Fue instituida por Jesús en* ....
- *La eucaristía es la oración que la* .... *dirige a Dios por medio de* ....
- *El pan de la eucaristía es el* .... *de Jesús y el vino es su* ....
- *En la eucaristía celebramos la* .... *y* .... *de Jesús.*

En la eucaristía celebramos la muerte y resurrección de Jesús y, así, unidos a Jesús, alabamos y damos gracias a Dios.

El alimento de los cristianos

Jesús está realmente presente en la eucaristía bajo las especies de pan y de vino.

La eucaristía es el sacramento en el que Jesús nos alimenta con su cuerpo y con su sangre. Así se une a nosotros y nosotros a él. Y al unirnos a Jesús nos unimos a todos los que por la fe y el bautismo formamos una comunidad de hermanos en la Iglesia.

Por eso la eucaristía es la fiesta del amor y de la unidad. Es el sacramento que alimenta nuestro amor a Dios y a los demás, y nos impulsa a compartir.

Pintura de la Colegiata de San Isidoro de León. Representa a Jesús dando de beber el vino a dos apóstoles.

4 El pan es uno de los alimentos básicos. Es fuente de energía que comemos y compartimos.

- Escribe una redacción sobre el pan comentando de dónde sale, cómo se elabora y cuál es su importancia como alimento.

5 La palabra *comunión* es el resultado de unir dos palabras: *común* y *unión*. Contesta.

- ¿A quiénes se une Jesús en la comunión de la eucaristía?
- ¿A quiénes se unen los cristianos y cristianas que comulgan?

> "Yo soy el pan vivo bajado del cielo.
> El que come de este pan, vivirá siempre."
> "El que come mi cuerpo y bebe mi sangre,
> vive en mí y yo en él."
> *Jn 6,51.56*

6 Relaciona el valor de la comunión con las palabras de Jesús escritas en el recuadro.

- Copia en tu cuaderno esas palabras de Jesús.
- ¿Qué dos cosas dice Jesús del que come su pan?

7 Piensa: ¿Sabes por qué muchos cristianos y cristianas cuando entran en la iglesia se arrodillan ante el sagrario y rezan ante él?

Jesús comparte su pan en la eucaristía y nos alimenta con su cuerpo.
La eucaristía nos impulsa a compartir nuestro pan y nuestro amor con todos.

¿QUÉ HACEMOS LOS CRISTIANOS?

La eucaristía es la celebración más importante de la comunidad cristiana. Es como la fiesta de familia en la que todos los cristianos y cristianas debemos participar, especialmente los domingos. Su celebración es como sigue.

LITURGIA DE LA PALABRA

Rito de entrada

El sacerdote besa el altar y, tras hacer la *señal de la cruz*, dirige un *saludo* a todos los reunidos y los invita a participar en la celebración. Después:

- se pide *perdón* a Dios,
- se alaba a Dios con el canto del *Gloria*
- y se hace una *oración* de súplica.

Proclamación de la Palabra de Dios

Lectura de dos o tres relatos de la Biblia. El último siempre es de los evangelios.

Entre estas lecturas se intercalan *salmos* o cantos de alabanza a Dios, entre los que destaca el canto del *Aleluya*.

Después el sacerdote dice la *homilía*, en la que explica la Palabra de Dios e invita a ponerla en práctica.

Proclamación del credo

Después de la homilía se recita el credo, que es un resumen de la fe de la Iglesia en Dios, que es Padre, Hijo y Espíritu Santo.

Oración de los fieles

Oraciones en las que se pide a Dios por las necesidades de los presentes, de la Iglesia y de todo el mundo.

LITURGIA DE LA EUCARISTÍA

Presentación de las ofrendas

Se llevan al altar las ofrendas y se hace la *colecta*. Esta simboliza colaborar en los gastos de la comunidad cristiana y compartir los bienes con los necesitados.

Luego el sacerdote ofrece el pan y el vino a Dios en nombre de Jesús y de la Iglesia.

Oración eucarística

Es la parte más importante de la misa. Comprende lo siguiente:

- *Prefacio o himno* de alabanza a Dios al que sigue el canto del *Santo*.
- *Oración al Espíritu Santo* para que bendiga el pan y el vino y los transforme en el cuerpo y la sangre de Jesús.
- *Consagración*: el sacerdote pronuncia sobre el pan y el vino las palabras que Jesús dijo en la última cena.
- *Recuerdo* de la pasión, muerte y resurrección de Jesús.
- Oración de alabanza a Dios Padre, Hijo y Espíritu Santo.

Rito de comunión

Se reza el padrenuestro y se hace el *rito de la paz*, que expresa el valor de la eucaristía como signo de unidad y fraternidad.

Después se reparte el pan de la eucaristía, que es el cuerpo de Jesús, a los que desean comulgar.

Despedida

Concluye la celebración con una oración final y con la *bendición* del sacerdote a todos los asistentes.

¿QUÉ HE APRENDIDO?

RESUMEN

- Jesús instituyó la eucaristía en la última cena y mandó celebrarla en memoria suya.
- La eucaristía es la gran fiesta de la Iglesia. En ella nos unimos a Jesús para celebrar su muerte y resurrección y alabar y dar gracias a Dios.
- Jesús está realmente presente en la eucaristía bajo las especies de pan y vino: el pan es el cuerpo de Jesús y el vino es su sangre.
- Jesús comparte el pan de la eucaristía y nos alimenta con su cuerpo en la comunión.
- La eucaristía nos impulsa a compartir nuestro pan y nuestro amor con todos.

1 Observa la fotografía e identifica dónde están esas personas y qué hacen. ¿Por qué es importante participar los domingos en la eucaristía?

La eucaristía compromete a amar a Dios y a los demás y a trabajar por un mundo mejor.

2 Escribe una redacción sobre cómo y por qué los dos discípulos de Emaús reconocieron a Jesús.

3 Haz un resumen sobre cómo se celebra la eucaristía y el significado de sus ritos.

4 Resuelve el pasatiempo. En él debes encontrar doce palabras.

V S T C O M U N I Ó N N A I L D C G S A N T O D F K V
N C R E D O R S T B P E R D Ó N H L V I F G L O R I A L
R S B N L C O L E C T A D R M P S V Y L E C T U R A S N
C O N S A G R A C I Ó N N F J S T N P R E F A C I O B A
A L E L U Y A B K P N O F R E N D A S H I L N S D P A Z

CANTAMOS

Celebramos la fiesta del Señor

Celebramos la fiesta del Señor
todos juntos, todos en comunidad.
Celebramos que Jesús resucitó
al compartir la vida y compartir el pan.

1. Escuchamos las palabras
que el Maestro anunciaba,
recordamos lo que hizo,
compartimos su amistad.
Él está entre nosotros,
nos regala su presencia,
al unir los sentimientos,
crece la felicidad.

2. Proclamamos que creemos
en Jesús resucitado,
celebramos la alegría,
celebramos el amor.
Todos juntos de la mano,
todos juntos como hermanos,
con Jesús a nuestro lado
todo va mucho mejor.

Autoevaluación. UNIDAD 10

EL ÁLBUM

***Corpus Christi* es una expresión en latín que significa *El Cuerpo de Cristo*. Así se llama una de las fiestas más populares de la Iglesia Católica.**

La fiesta del Corpus se celebró durante muchísimos años a los diez días del domingo de Pentecostés. Caía siempre en jueves y era festivo. Hoy día se celebra el domingo siguiente a este jueves, es decir, dos semanas después de Pentecostés.

La fiesta del Corpus recuerda y celebra la presencia real de Jesús en el sacramento de la eucaristía. En todas las localidades se saca en procesión el Cuerpo de Cristo, bajo las especies de pan, para exponerlo a la adoración del pueblo cristiano. Son muy famosas, por ejemplo, las procesiones de Toledo, Sevilla, Barcelona y Granada.

Procesión del Corpus en Sevilla.

Es costumbre colocar altares en las calles por donde pasa la procesión y adornar los balcones de las casas. Hay localidades donde, además, se alfombra el pavimento de las calles con flores, helechos y romero.

Calle de Sitges (Barcelona) el día del Corpus.

Alfombra de flores en una calle de La Orotava (Tenerife).

Los niños y niñas que han hecho la primera comunión participan en la procesión y llevan cestillos con pétalos de flores para tirarlos al paso de Jesús.

11 Seguir a Jesús

La Palabra de Dios

La vida cristiana consiste en seguir a Jesús, esto es, cumplir sus enseñanzas y actuar como él, amando a Dios y al prójimo.
Seguir a Jesús es el camino más seguro en la vida. Porque Jesús no es un hombre como cualquier otro. Es el Hijo de Dios.
Para seguir a Jesús es importante leer y conocer los evangelios. En ellos está escrito lo que Jesús hizo y dijo. Y todo lo que está escrito en ellos es Palabra de Dios.

1 A lo largo de este curso has manejado los evangelios con cierta frecuencia. Por eso te será fácil completar en tu cuaderno el siguiente esquema:

Los evangelios
- Fueron escritos por → [ ] – [ ] – [ ] – [ ]
- El texto está dividido en → [ ] y sus párrafos en → [ ]

2 Fíjate en el símbolo de cada evangelista e identifica quién es quién.

- ¿Recuerdas para qué escribieron los evangelios? Consulta ***Jn 20,31***, ordena correctamente la siguiente frase y escríbela en tu cuaderno.

> *Para es Jesús de Hijo el que creamos el que Mesías, Dios.*

3 En el puzle tienes lo que dijo Jesús cuando una mujer, según ***Lc 11,27-28***, llamó dichosa a María, la madre de Jesús.

la palabra | Dichosos los | y la ponen

que escuchan | en práctica. | de Dios

- Comenta por qué, a tu manera de ver, son dichosos y contesta: ¿Dónde está la Palabra de Dios? ¿Cómo podemos escucharla?

El reino de Dios está aquí

Jesús trajo al mundo el amor de Dios y lo ha puesto en nuestros corazones.
Dios reina en el mundo como un Padre bueno que ama, perdona y salva. Por tanto, donde hay paz, perdón, alegría y amor está Dios.
El reino de Dios es un tesoro que hace felices a quienes lo acogen y viven como hijos de Dios y hermanos.

4 Jesús hablaba del reino de Dios en parábolas. ¿Recuerdas alguna? Cuéntala y comenta lo que en ellas enseñaba Jesús sobre el reino de Dios.

5 En la siguiente parábola Jesús también hablaba del reino de Dios. ¿Qué imaginas que querría decir Jesús al compararlo con la siembra?

Parábola del sembrador (*Mt 13,3-8*)

Salió el sembrador a sembrar.
Al sembrar, parte de la semilla cayó al borde del camino; entonces vinieron las aves y se la comieron.
Otra parte de la semilla cayó entre piedras; brotó enseguida, pero no pudo echar raíces, porque apenas había tierra, y se secó.
Otra parte cayó entre cardos y, cuando estos crecieron, ahogaron la planta y no creció.
Finalmente, otra parte cayó en tierra buena y dio un fruto excelente.

6 Jesús explicó a sus discípulos el sentido de esta parábola. Búscalo en ***Mt 13,18-23*** y escribe en tu cuaderno las respuestas a estas preguntas:

- ¿A quién representa el sembrador? ¿Cuál es la semilla?
- ¿A quiénes representa el terreno donde se siembra?

- Relaciona las respuestas con el ejercicio 3.

7 Busca en el pasatiempo ocho palabras y completa con ellas las frases siguientes.

a) Dios reina como un …… bueno.

b) Todos somos …… de …… y …… unos de otros.

c) Dios está donde hay ……, ……, …… y …….

L	S	P	A	Z	T	D	N
G	U	E	B	P	F	I	V
H	E	R	M	A	N	O	S
I	K	D	T	D	A	S	A
J	U	Ó	O	R	M	J	B
O	H	N	Y	E	O	R	H
S	A	L	E	G	R	Í	A

¿QUÉ HE APRENDIDO?

Dios con nosotros

Dios eligió a María como madre de Jesús. María aceptó y es bendita entre todas las mujeres.

La venida de Jesús al mundo llena de alegría a quienes confían en Dios. Jesús es Dios con nosotros. Por eso decimos que María es Madre de Dios.

María colaboró en la salvación de la humanidad y en los comienzos de la Iglesia. Por eso es Madre de la Iglesia.

1 Identifica las escenas de las viñetas y comenta lo que representa cada una.

2 Ordena en tu cuaderno las escenas representadas, siguiendo el orden en que sucedieron los hechos, y pon un título a cada una. Sigue el ejemplo:

Escenas	Viñetas	Títulos
Escena 1.ª	Viñeta C	Anuncio del ángel a María
Escena 2.ª		
Escena 3.ª		
Escena 4.ª		
Escena 5.ª		
Escena 6.ª		

3 Escribe una redacción sobre cuándo se celebra el nacimiento de Jesús, por qué lo celebramos los cristianos y cómo lo celebramos.

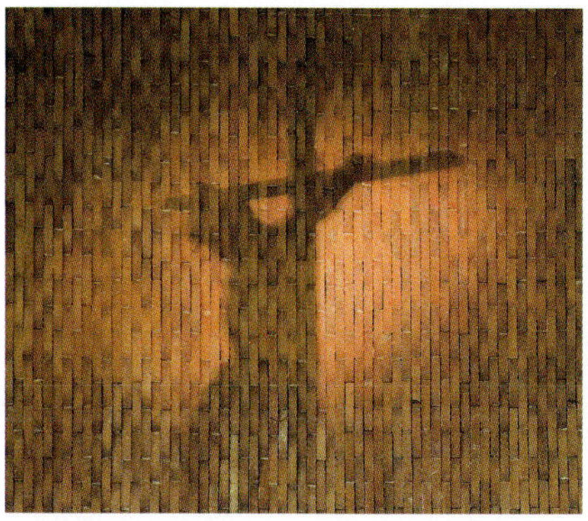

El mayor amor

Jesús pasó por el mundo haciendo el bien. Su solidaridad con la humanidad le llevó a pasar por la muerte, como todo ser humano, y a una muerte en la cruz.
Pero de su muerte surgió una nueva vida que no tiene fin. Jesús resucitó y su triunfo es el de toda la humanidad.

4 Identifica cada viñeta y pon un título a cada escena de forma similar a como has hecho en la página anterior.

5 Busca los textos citados en el recuadro y asocia cada uno a la viñeta que corresponde.

Jn 2,10-11
Mt 4,18-22
Mc 7,37
Lc 19,35-38
Jn 19,25-27
Lc 24,1-6

6 Cambia los números por vocales y escribe en tu cuaderno las frases completas.

- J2s5s m5r34 2n l1 cr5z p4r 1m4r 1 l1 h5m1n3d1d y r2s5c3t4 1l t2rc2r d31 d2 m4r3r.
- L1 m52rt2 y r2s5rr2cc34n d2 J2s5s 2s 2l 1c4nt2c3m32nt4 m1s 3mp4rt1nt2 d2 l1 f2 cr3st31n1.

7 ¿Por qué la muerte no es el final de la vida? Lee las palabras de Jesús y razona tu respuesta.

- ¿Qué dice Jesús de sí mismo?
- ¿Qué dice del que cree en él?

"Yo soy la resurrección y la vida. El que cree en mí, aunque haya muerto, vivirá."
Jn 11,25

¿QUÉ HE APRENDIDO?

Con Jesús, en la Iglesia

El mensaje de vida y amor que trajo Jesús al mundo continúa en la Iglesia gracias a la presencia de Jesús en ella por medio del Espíritu Santo.

La Iglesia es la comunidad formada por todos los bautizados y bautizadas que, dirigida por el Papa y los obispos, sigue haciendo en el mundo lo mismo que hizo Jesús y encomendó hacer a los apóstoles.

1 Observa las viñetas y comenta lo que, a tu manera de ver, representan.

2 Relaciona cada escena de las viñetas con una de las frases siguientes.

a) Quedaron llenos del Espíritu Santo.

b) Eligió a doce, a los que llamó apóstoles.

c) Yo estoy con vosotros todos los días.

d) Haced esto en memoria mía.

e) Tú eres Pedro y sobre esta piedra edificaré mi Iglesia.

- Consulta las citas bíblicas que tienes al lado y comprueba si es correcta la relación que has hecho.

Hch 2,4
Mc 3,14
Mt 28,20
Mt 16,18
Lc 22,19

3 Encuentra en la sopa de letras una frase sobre quién y cómo fundó la Iglesia.

JESÚSRSTNFUNDÓBNTPBLAMNCDIGLESIAPFDIJCUANDORVSEEFORMÓBL
NELMSGRUPOYPLDEHFLOSUTPMADOCEYQBDKLRUAPÓSTOLESCGKPTYSS
SLVKESTOSSLHZRECIBIERONBKDNELVTESPÍRITUGSFJHOSANTOLKSVTR.

Celebramos la salvación

Los cristianos están unidos a Jesús y entre sí como los miembros de un cuerpo que es la Iglesia. La cabeza de este cuerpo es Jesús, quien se da como alimento en la eucaristía.

La Iglesia posee la salvación de Jesús y la concede y celebra en los sacramentos.

4 Observa las dos viñetas, identifica las acciones representadas y contesta:

- ¿Por qué bautizaban los primeros cristianos y a quiénes bautizaban?
- ¿Por qué celebraban la eucaristía y cómo o dónde la celebraban?

5 Escribe una redacción que explique por qué la Iglesia sigue haciendo hoy día lo mismo que representan las viñetas, y cómo se hace.

6 La Iglesia, dirigida por el Papa y los obispos, sigue haciendo lo que Jesús encomendó a los apóstoles.

- ¿De quiénes son sucesores el Papa y los obispos?
- ¿Por qué el Papa es la máxima autoridad en la Iglesia?

7 Relaciona cada frase con el sacramento al que corresponde.

"Yo te bautizo en el nombre del Padre, y del Hijo, y del Espíritu Santo." •	• Bautismo
"Yo te absuelvo de tus pecados en el nombre del Padre, y del Hijo, y del Espíritu Santo." •	• Confirmación
"Tomad y comed: esto es mi cuerpo." •	• Eucaristía
"Recibe por esta señal el don del Espíritu Santo." •	• Penitencia

¿QUÉ HE APRENDIDO?

"Amarás a Dios sobre todas las cosas"

Jesús enseña a llamar *Padre* a Dios, a amarlo como hijos suyos, a confiar en él y a relacionarse con él mediante la oración, el respeto a su nombre y la alabanza.
Los diez mandamientos de la ley de Dios se resumen en dos: "Amarás a Dios sobre todas las cosas y al prójimo como a ti mismo". Los tres primeros se refieren al amor a Dios.

1 Relaciona los tres primeros mandamientos con su significado.

1.ª	Amarás a Dios sobre todas las cosas.	Hablar de Dios con respeto, sin decir palabras que ofendan su nombre, y rezar con confianza en Dios.
2.ª	No tomarás el nombre de Dios en vano.	Dedicar a Dios los días de fiesta, como el domingo, celebrando la eucaristía, descansando y ayudando a los demás.
3.ª	Santificarás las fiestas.	Amar a Dios como hijos suyos y reconocer y agradecer lo que Dios hace por nosotros.

2 Escribe una redacción sobre qué es santificar las fiestas para un cristiano.

3 Copia el esquema en tu cuaderno y complétalo con las siguientes palabras:

Nosotros • Salvación • Eucaristía • Amor
Dios • Prójimo • Jesús • Iglesia

Jesús trajo al mundo
↓
el reino de Dios

← **en su persona**
- Jesús es Dios con ________.
- Celebramos la ________ de Dios en los
- sacramentos → en especial en la ________

↓ Está en la comunidad cristiana que es
- **La** ________

→ **en su mensaje**
- de paz, de perdón y de ________.
- Amarás a ______ sobre todas las cosas y al ________ como a ti mismo.
- Como ______ nos ha amado. → realmente presente ________

"Amarás al prójimo como a ti mismo"

Los mandamientos cuarto al decimo se refieren al amor al prójimo. Amar al prójimo es ser solidario con todo aquel que necesita ayuda, y tratar a los demás como nos gusta que nos traten a nosotros.

Jesús enseñó, además, a perdonar siempre a los demás y a amarse unos a otros como él nos ha amado. El amor es la señal de los cristianos.

4 ¿Recuerdas las siguientes viñetas? Fíjate bien en lo que representan y explica qué será amar al prójimo en cada caso.

5 Jesús dio a sus discípulos un mandamiento nuevo. ¿Lo recuerdas?

- Escríbelo en tu cuaderno con letras bien grandes.
- ¿Dice lo mismo que "amarás al prójimo como a ti mismo" o dice más?

6 Copia el siguiente texto a continuación del que has escrito en el ejercicio anterior y comenta por qué según ese texto, debemos amarnos unos a otros.

> Amémonos los unos a los otros,
> porque el amor procede de Dios.
> Todo el que ama ha nacido de Dios
> y conoce a Dios.
> Quien no ama, no conoce a Dios,
> porque Dios es amor.
>
> *Primera carta de San Juan 4,7-8*

7 Acierta las letras que faltan en el pasatiempo y descubre seis verbos relacionados con el amor al prójimo.

1		C		N	**S**				R	
					O					
2	D		S			**L**	P		R	
					I					
3	C		M	P		**D**				R
4		C				**A**	R	T		R
5		Y		D		**R**				
					I					
6		P		R		**O**			R	
					S					